Soziale Arbeit   Band 6

Herausgegeben von der
Schweizerischen Arbeitsgemeinschaft der Höheren Fachschulen
für Soziale Arbeit (SASSA)

Jean-Pierre Fragnière

Wie schreibt man eine Diplomarbeit?

Planung, Niederschrift, Präsentation
von Abschluss-, Diplom- und Doktorarbeiten,
von Berichten und Vorträgen

3., unveränderte Auflage

Verlag Paul Haupt Bern · Stuttgart · Wien

Titel der französischen Originalausgabe: «Comment faire un mémoire»,
Editions Réalités Sociales, Lausanne 1985

Aus dem Französischen übersetzt und bearbeitet von Paula Lotmar

Die Deutsche Bibliothek – CIP-Einheitsaufnahme

Fragnière, Jean-Pierre:
Wie schreibt man eine Diplomarbeit? : Planung, Niederschrift,
Präsentation von Abschluss-, Diplom- und Doktorarbeiten,
von Berichten und Vorträgen / Jean-Pierre Fragnière.
[Aus dem Franz. übers. und bearb. von Paula Lotmar]. –
3., unveränd. Aufl. – Bern ; Stuttgart ; Wien : Haupt, 1993
(Soziale Arbeit ; 6)
Einheitssacht.: Comment faire un mémoire <dt.>
ISBN 3-258-04712-X
NE: Lotmar, Paula [Bearb.]; GT

Alle Rechte vorbehalten
Copyright © 1993 by Paul Haupt Berne
Jede Art der Vervielfältigung ohne Genehmigung des Verlages ist unzulässig
Printed in Germany

Vorwort zur deutschen Ausgabe

Als Jean-Pierre Fragnière unserer Redaktionskommission 1985 dieses Buch als Geschenk präsentierte, waren wir uns sofort einig, dass es nicht nur unseren französischsprachigen Studentinnen und Studenten, sondern auch allen Interessierten im deutschen Sprachraum zugänglich gemacht werden müsse.

Ein Geschenk hat uns Kollege Fragnière natürlich in erster Linie für all jene gemacht, die als Abschluss ihrer Berufs- und Hochschulausbildung oder auch für das Diplom am Ende einer beruflichen Weiterbildung eine schriftliche Diplom- oder Abschlussarbeit zu präsentieren haben. Sie alle müssen mit einer schriftlichen Arbeit den Nachweis darüber erbringen, dass sie nicht nur ein Problem klar, logisch und objektiv durchdenken können, dass sie imstande sind, dazu selbständig Material zu sammeln und es systematisch zu verarbeiten, sondern dass sie es auch sprachlich einwandfrei darstellen können.

Ein Geschenk hat er damit auch uns allen gemacht, die Diplomanden und Doktoranden bei ihrer Abschlussarbeit beraten oder solche Arbeiten zu begutachten haben. Darüber hinaus werden aber auch Verfasserinnen und Verfasser von anspruchsvollen Zeitschriftenartikeln und Referaten im weiten Feld der Gesellschafts- und Humanwissenschaften, ja sogar Buchautoren, wertvolle Anregungen für eine rationellere Arbeitsweise finden!

Das Buch ist inzwischen aufgrund der Lizenzausgabe bei Dunod/Bordas (Paris) bereits auf arabisch und japanisch übersetzt, und es ist höchste Zeit, dass sich auch unsere deutschsprachigen Studentinnen und Studenten diese leicht eingängige Rezeptsammlung zum Schreiben ihrer Diplomarbeit zu Gemüte führen können!

Paula Lotmar, Pionierin der Sozialarbeiter- und Ergotherapeutinnen-Ausbildungen in der Schweiz, hat aus freundschaftlicher Verbundenheit mit dem Autor und aus ihrer eigenen langjährigen Beratungstätigkeit heraus die schwierige Arbeit der Übersetzung und der Adaption für den deutschen Sprachraum geleistet.

Wir danken Jean-Pierre und Paula für ihr grosszügiges Geschenk! Für seine erste Ausgabe in deutscher Sprache haben sie überdies auf ein angemessenes Honorar verzichtet, um der SASSA zu ermöglichen, das Buch zu einem für Studentinnen und Studenten erschwinglichen Preis herauszugeben.

Valeria Rentsch-Frey und Barbara Modena danken wir für gewissenhafte Lektorats- und Korrekturarbeit!

SASSA-Sekretariat, Zürich,
im Juli 1987   Esther Modena-Burkhardt

Inhaltsübersicht

Ein detailliertes Inhaltsverzeichnis findet sich am Schluss des Buches.

	Einleitung	9
1	Was ist eine Diplomarbeit?	13
2	Wozu eine Diplomarbeit?	17
3	Wie man ein Thema wählt	21
4	Wie testet man die Durchführbarkeit eines Themas?	25
5	Forschung, Methoden, Technik	33
6	Die grossen Etappen bei der Durchführung der Diplomarbeit	39
7	Eine Arbeitstechnik: «Der Ordner»	43
8	Wieviele Seiten?	53
9	Wieviel Zeit?	57
10	Fremdsprachen	61
11	Einzelarbeit oder Gruppenarbeit?	63
12	Der Diplomarbeitsberater	67
13	Bücher – wozu?	71
14	Die Suche nach Literatur	75
15	Planen	79
16	Wer sind die Adressaten?	83
17	Schreiben	85
18	Anregungen für das Schreiben	93
19	Warum und wie man zitiert	97
20	Die Anmerkungen	101
21	Die Bibliographie	107
22	Die Bereinigung des Manuskriptes	111
23	Die Verbreitung der Diplomarbeit	119
24	Schlussfolgerungen	123

Einleitung

Sechzehn Seiten –
Sie schreiben ein Pamphlet.
Sechzehnhundert daraus gemacht –
Sie werden dem König vorgestellt.
P. L. Courier

● Sie stehen vor dem Abschluss Ihrer Studien. Nun kommt wie bei Hunderten, ja Tausenden anderer Studenten die Diplomarbeit auf Sie zu. Wohl haben Sie Ideen und eine Menge Kenntnisse. Wie aber sollen Sie diese neue Aufgabe anpakken?
Oder gehören Sie gar zu den Dozenten, die den Studenten Anleitung und Ratschläge zu geben haben? Welch ein Abenteuer ist es jedesmal für Sie, werden Sie doch mit Neugier, mit Einfällen, aber auch mit technischen Problemen konfrontiert. Man stellt Ihnen Fragen: Wie wird zitiert? Wie erstellt man eine Bibliographie?
Vielleicht gehören Sie schliesslich zu den Unzähligen, die im Rahmen ihrer beruflichen Tätigkeit einen umfangreichen Bericht zu schreiben haben. Und immer stehen Sie dabei unter Zeitdruck.
Ihnen allen möchte ich mit diesem kleinen Buch einige Überlegungen und technische Hinweise vorlegen, die sich auf alle Phasen der Erarbeitung einer Publikation beziehen. Wählen Sie selbst aus, was Ihnen von meinen Vorschlägen nützlich erscheint!

● Die Wochen und Monate, die Sie für das Verfassen Ihres Textes benötigen, haben durchaus auch ihre positiven Seiten. Es ist eine Zeit, in der Sie sich grösstenteils selbständig in die Beschreibung und Analyse eines Problems vertiefen können. Dieser Teil des Studiums liegt in Ihren eigenen Händen, Sie müssen ihn organisieren. Sie geniessen viel Entscheidungsfreiheit, tragen damit aber auch persönlich alle Risiken.

● Viele Ihrer Kolleginnen und Kollegen treten in diese Etappe ihres Studiums sehr gelassen ein: Sie sind zufrieden mit ihrem Leben und ihrer Ausbildung, Sie verfügen über genügend Zeit, das Geld reicht, und auch die Ratgeber fehlen ihnen nicht. Hinzu kommt, dass Sie im Unterricht auf die neue Aufgabe, darauf, wie man sie anpackt und bewältigt, vorbereitet worden sind. Dieses Buch richtet sich *nicht* an diese Gruppe von Studentinnen und Studenten – oder nur ganz am Rande...

● Andere aber sind beunruhigt. Sie fragen sich, wie sie bei der Themenwahl vorgehen sollen, wie sie die Aufgabe überhaupt in den Griff bekommen. Und dann das Formulieren und Schreiben! Ihre Zeit ist begrenzt. Sie haben sich der Diplomarbeit zu widmen, während gleichzeitig vielerlei berufliche und private Verpflichtungen zu erfüllen sind. Ich weiss aus Erfahrung, dass diese Gruppe von Studenten recht gross ist. Für sie vor allem habe ich diese Anleitung geschrieben, gedacht als eine Zusammenstellung nützlicher Informationen und Anregungen – und nicht als zwingende Vorschriften.

● Und hier sei auch gleich noch gesagt, was das Buch *nicht* bietet. So lassen sich Missverständnisse vermeiden. Es bringt Ihnen nicht bei, was wissenschaftliches Forschen ist, noch trägt es etwas zu theoretischer und kritischer Diskussion bei über Bedeutung und Form der Ausbildung, über Möglichkeiten, wie Sie Ihre beruflichen Fähigkeiten besser nutzen könnten. Dafür gibt es besondere Kurse. Dieses Buch gibt auch nichts her über das konkrete Thema, das Sie behandeln, über den spezifischen Inhalt Ihrer Diplomarbeit. Darum müssen Sie sich selbst kümmern, zusammen mit Dozenten, Kollegen, Freunden aus Ihrem Studienkreis. Das Buch hilft Ihnen auch nicht, die besonderen Probleme zu lösen, die sich aus dem gewählten Forschungsgebiet ergeben oder mit Ihrer Ausbildungsstätte zusammenhängen. Und für Ihre persönlichen Probleme ist es erst recht nicht zu gebrauchen.

- Es sind vorwiegend technische Hinweise, die die folgenden Seiten füllen. Sie werden feststellen, dass die Abschnitte über die Anmerkungen oder die Zitate ebenso lang sind wie derjenige (viel wichtigere) über die Themenwahl. Nicht jeder Aspekt hat den Platz erhalten, der ihm in Tat und Wahrheit bei der Abfassung der Diplomarbeit zukommt. Das ergibt sich zwangsläufig aus Form und Stil, die ich für diese Publikation gewählt habe.

- Dabei übersehe ich die Unterschiede in den verschiedenen Lehrgängen nicht. Bei gegenseitigen Vergleichen beruft man sich gerne auf die ganz spezifischen Anforderungen. Wie jeder Zweig der Wissenschaft und jeder Berufsstand weist eben auch jede Institution *ihre* Diplomarbeit mit ihren besondern Vorschriften auf. Längst hat sich auch jeder seine eigene Meinung über Sinn und Zweck solcher Abschlussarbeiten gebildet. Neben viel Unterschiedlichem habe ich doch ebenso viel Übereinstimmendes festgestellt. Es gibt genügend wichtige Berührungspunkte, die das Wagnis dieser Seiten für mich rechtfertigen.

- Zwei praktische Hinweise zum Schluss:

  - Grundlage und Bezugsrahmen dieses Textes bilden das Studium der Sozialwissenschaften und der Sozialpolitik, sowie die Lehrgänge für soziale und pflegerische Berufe. In *diesem* Umfeld bewege ich mich.

  - Sie stossen in dieser Arbeit auf eine Anzahl Wiederholungen. Weshalb auch nicht? Ich meine auch gar nicht, dass Sie das Buch wie einen Roman lesen sollen!

- À propos Roman: Vielleicht haben Sie wie ich «Der Name der Rose» von Umberto Eco verschlungen. Dieser Autor hat 1977 eine kleine Arbeit unter dem Titel «Come si fà una tesi di laurea?» (Bompiani, Milano) veröffentlicht. Präzis und humorvoll vermittelt er seinen italienischen Studenten eine sehr anregende Arbeitsmethode für ihre Lizentiatsarbeiten. Umberto Eco hat mich bei bestimmten Abschnitten stark inspiriert.

Jean-Pierre Fragnière

1
Was ist eine Diplomarbeit?

> Will ich eine Maschine kennenlernen, nehme ich sie auseinander, um jeden Teil einzeln zu untersuchen. Erst dann verstehe ich die Maschine vollkommen, wenn ich von jedem Teil eine genaue Vorstellung habe und wenn ich die Teile auch wieder richtig zusammenfügen kann: auseinandernehmen und zusammensetzen!
>
> E. B. Condillac

1.1 Eingrenzung des Begriffs

Die Diplomarbeit[1] ist eine längere schriftliche Abhandlung, die im Rahmen einer meist höheren Ausbildung ausgearbeitet wird. Ihr Thema wird aus dem Studienbereich des Verfassers gewählt und bietet die Möglichkeit, die Regeln wissenschaftlichen Arbeitens anzuwenden.

Diese Abschlussarbeit kann von einem oder von mehreren Autoren verfasst werden. Ihr maximaler Umfang (z.B. zwischen 40 bis 200 oder mehr Seiten) wird meist von der Ausbildungsinstitution festgelegt.

Die Überlegungen in diesem Buch entsprechen im allgemeinen den Usanzen im Bereich der Sozialwissenschaften, im speziellen der Humanwissenschaften.

1.2 Wo entstehen Diplomarbeiten?

Sehr viele Ausbildungsgänge verlangen eine Diplom- oder Abschlussarbeit:

● An den Universitäten ist überall für die Erlangung des Lizenziates oder Diploms eine längere wissenschaftliche Arbeit Bedingung, zumindest aber für den Übertritt in ein Nachdiplomstudium.

● Auch an den Höheren Fachschulen ist die Abschlussarbeit in der Regel eine Bedingung für die Diplomierung (ich denke dabei besonders an die Ausbildungen im Bereich des Sozial- und Gesundheitswesens).

● Schliesslich verlangen auch zahlreiche längere weiterführende Fortbildungen für Praktiker mit Berufserfahrungen eine Abschlussarbeit. Diese Arbeit muss in diesem Fall oft unter schwierigen Bedingungen ausgeführt werden, weil sie mit einer vollen Berufstätigkeit oder anderen Verpflichtungen vereinbart werden muss.

Diese Ausbildungssituationen sind alle sehr verschieden. Zudem hat jede Ausbildungsinstitution ihre eigenen Reglemente, ihre Traditionen, ihr besonderes geistiges Klima. Oft dient schon die Umschreibung der Diplomarbeit dazu, bewusst die Unterschiede und Besonderheiten gegenüber anderen Ausbildungsstätten hervorzuheben. Wir können über sie nicht hinwegsehen. Alle diese Unterschiede sind ein Hinweis auf die Anstrengungen, um der besonderen jeweiligen Situation der Studentinnen und Studenten gerecht zu werden.

Ich hatte die Gelegenheit, Studentinnen und Studenten aus sehr verschiedenen Ausbildungen bei ihrer Abschlussarbeit zu beraten. Dabei habe ich gesehen, dass es trotz vieler Unterschiede immer wieder ähnliche Schwierigkeiten sind, welche die Studenten überwinden müssen.

---

1 Das französische «mémoire» im Originaltitel ist ein Sammelbegriff für die im deutschen Sprachraum üblichen Bezeichnungen Diplomarbeit, Abschlussarbeit, Lizenziatsarbeit, Abhandlung. Alle diese Begriffe werden in der vorliegenden deutschen Übersetzung synonym verwendet und verstanden (die Übersetzerin).

1.3 Typen von Abschlussarbeiten

Abschlussarbeiten sind weder alle gleich, noch ist jede etwas Einzigartiges. Die meisten lassen sich einem der drei folgenden kurz skizzierten Typen zuordnen:

- die *«Sammler-Arbeit»:* Der Student wählt ein Thema, sammelt die wichtigsten Publikationen darüber, analysiert sie und stellt sie kritisch dar. Seine Leistung besteht im Nachweis der Fähigkeit, schon vorliegende Arbeiten zu beurteilen. Er kann die verschiedenen Standpunkte klar erkennen und beherrscht die Kunst, den gegenwärtigen Stand der Diskussion zusammenzufassen und allenfalls seine eigene Meinung dazu mitzuteilen.

- die *«Forschungsarbeit»:* Der Student wählt ein neues oder wenig erforschtes Thema. Das verlangt eine ausgiebige Beobachtungsphase und oft eine empirische Untersuchung. Der Student muss sich «ins Feld begeben».

- Die *«Erfahrungsanalyse»:* Diese Art von Abschlussarbeit kommt häufig vor in Höheren Fachschulen. Die Studenten haben einige Praktika hinter sich oder verfügen schon über Berufserfahrung. Der Schwerpunkt der Arbeit ist die Darstellung von Erfahrungen und ihrer Analyse oder der Vergleich mit ähnlichen Aktivitäten. Solche Arbeiten enthalten oft Vorschläge für die Weiterführung oder Verbesserung der Praxis.

Jeder dieser drei Typen von Abschlussarbeiten hat seine Berechtigung, jeder hat seine eigene innere Logik und seine Vor- und Nachteile. Alle bieten hervorragende Ausbildungsmöglichkeiten.

1.4 Hinweis

Die Praxis der Diplomarbeit hat sich in letzter Zeit vor allem unter dem Einfluss von zwei Entwicklungen verändert: Es wird einerseits bewusster nach dem praktischen sozialen Nutzen der Arbeit gefragt, und andererseits haben sich die technischen Möglichkeiten der Darstellung verändert. So erschienen Diplomarbeiten mit dem Ziel, Gesamtverzeichnisse von Institutionen in einem gewissen Gebiet herzustellen; zum Beispiel eine Kartei der sozialen Institutionen des Kantons Freiburg. Gewisse Ausbildungsstätten bewilligen oder fördern Diplomarbeiten, die mit audio-visuellen Techniken, insbesondere mit Videotechnik, hergestellt werden. Obwohl ich solche Initiativen sehr begrüssenswert finde, werde ich in diesem Buch die spezifischen Probleme solcher Arbeiten nicht behandeln. Man kann nicht alles!

2
Wozu eine Diplomarbeit?

> Kein Ding ist an sich gross oder klein.
> Claude Bernard

2.1 Wozu diese Frage?

Wer hat überhaupt die freie Wahl? Und doch wird über Sinn und Zweck der Diplomarbeit häufig diskutiert. Sie ist Gegenstand der Kritik und fordert auf jeden Fall immer wieder zu einer persönlichen Stellungnahme heraus. Man bezweifelt die Zweckmässigkeit, den Sinn, die Nützlichkeit und hat seine eigene Meinung über die Form. Die Meinungen gehen natürlich auseinander, aber im Lauf der Realisierung einer Arbeit nähern sie sich einander oft wieder an. Warum sollte also nicht auch ich hier meinen Beitrag zu dieser Diskussion leisten?

2.2 Weil die Diplomarbeit vorgeschrieben ist

Seien wir uns bewusst: Am allerhäufigsten sind es die Studienvorschriften, welche die Ausarbeitung einer Diplomarbeit erfordern. Diese letzte Hürde zur Erlangung des Diploms ist in den Reglementen vorgeschrieben. Es gibt gar kein Ausweichen. Diese Anforderung ist allgemein verbreitet und hat schon zahlreichen Angriffen standgehalten. Tradition? Gewohnheit? Ohne Zweifel muss es noch bessere Gründe für diesen Stand der Dinge geben.

2.3 Weil es Spass macht

Das gibt es tatsächlich häufiger, als man denkt. Der Spass an der Diplomarbeit zeigt sich am Anfang nicht offen, aber im Laufe der Arbeit steigt er an die Oberfläche und wird langsam dauerhaft. Eine solche Arbeit kann tiefe Befriedigung bringen: intellektuelle Entdeckungen, stimulierte Erfahrungen der Zusammenarbeit, persönliche Bereicherung. Über solche Erlebnisse wird viel zu wenig gesprochen. Warum geben wir der Befriedigung intellektueller Neugierde nicht mehr Raum?

2.4 Weil sie die Möglichkeit zur Vertiefung einer selbständigen intellektuellen Arbeitserfahrung bietet

Bei der Ausarbeitung einer Diplomarbeit kann man Verschiedenes lernen:

- eine Fragestellung abgrenzen;
- dazu Dokumente und Publikationen aufspüren und zusammentragen;
- das gesammelte Material ordnen;
- sich persönliche Überlegungen zum gewählten Thema machen;

- Kontakte herstellen mit Personen, Institutionen, Arbeitsbereichen;
- Informationen analysieren und die eigene Kritikfähigkeit verbessern;
- sich schriftlich ausdrücken und damit die Resultate der Arbeit andern mitteilen (und damit einen Beitrag zur «Weiterentwicklung der Wissenschaft» leisten).

Die Diplomarbeit ist besonders deshalb ein fruchtbares Lernfeld, weil sie eine Möglichkeit schafft zu lernen, wie man seine Gedanken klärt, ordnet und auf verständliche Weise weitergibt. Unabhängig vom behandelten Thema sind diese Fähigkeiten und Vorgehensweisen nützlich für die berufliche Praxis.

2.5 Weil sie einen Beitrag zum Verständnis eines Teilbereichs der sozialen Wirklichkeit leistet

Dieser Grund ist sicher nicht zentrales Anliegen der Diplomarbeit. Und doch: Wir wissen so wenig über die soziale Wirklichkeit! Es gibt in ihr noch so Vieles zu entziffern, zu entdecken, zu analysieren. Eine Diplomarbeit kann zur Erhellung eines bestimmten sozialen Feldes viel beitragen.

Ich erinnere mich an eine Gruppe, die sich mit den Problemen rund um den Kleinkredit von Banken befasste. Es gelang ihnen, die Probleme gut zu analysieren und die Resultate klar und eindrücklich darzustellen. Die Diplomarbeit wurde als Broschüre gedruckt. Diese wird auch heute noch von vielen Praktikern zu Rate gezogen.

2.6 Intensive emotionelle Erlebnisse sind mit der Diplomarbeit verbunden

Wozu eine Diplomarbeit? Wir haben einige Gründe für die Durchführung eines solchen Unternehmens aufgezählt. Jeder setzt sich auf seine Art damit auseinander. Immer ist die Zeit der Ausarbeitung der Diplomarbeit durch vielerlei Emotionen gekennzeichnet: Man hat Angst davor oder erwartet sie ungeduldig; man spricht viel davon; wer an einer Arbeit schreibt, wird oft mit einer neugierigen Aufmerksamkeit umgeben, man nimmt Rücksicht auf ihn. Es gibt Zeiten des Scheiterns, der Blockierung, des Zögerns, der Unsicherheit. Die Diplomarbeitszeit: eine Art Ausnahmezustand? Es wird manchmal auf die Initiationsrolle dieses Abenteuers hingewiesen. Alle diese Emotionen sind bekannt und normal. Man kann auf verschiedene Art mit ihnen umgehen.

3

Wie man ein Thema wählt

> Das Wesen der Freiheit
> ist die Wahrheit:
> Sie macht uns frei.
> S. Kierkegaard

3.1 Die Möglichkeiten, Auswahlkriterien festzulegen, sind begrenzt

Viele Gesichtspunkte spielen bei der Wahl eines Themas eine Rolle. Sie lassen sich unmöglich erschöpfend aufzählen. Meistens ergibt sich die «Wahl» aus einem bestimmten Interesse, per Zufall, aus Opportunität, aus Solidarität oder aus unzähligen andern Gründen. Dieses Kapitel beschränkt sich deshalb auf eine Liste von wichtigen Vorsichtsmassnahmen, die bei der Themenwahl zu berücksichtigen sind. Ein paar Hinweise sollen mithelfen, Hindernisse und Schwierigkeiten bei der Themawahl zu vermeiden, damit die Sache nicht schiefläuft.

3.2 Die Vorschriften und Hilfsmittel der Institution, in deren Rahmen die Diplomarbeit gemacht wird

Eine Diplomarbeit wird bekanntlich meistens von einer Ausbildungsinstitution verlangt. Diese bestimmt die Vorschriften und Regeln, die eingehalten werden müssen. Sie bietet gleichzeitig verschiedene Hilfen an. Von da her ergeben sich bestimmte Grenzen für die Themenwahl: Die Vorschriften erlauben Ihnen nicht, etwas x-beliebiges zu bearbeiten. Die Ressourcen der Institution, wie pädagogischer Rahmen, vorhandene Dokumentation etc., grenzen die zugänglichen Themenbereiche ein.

Betrachten Sie diese beiden Aspekte nicht als Nebensache, sondern beschäftigen Sie sich eingehend damit. Sie sollten die beiden folgenden Fragen genau beantworten können:

● Wie lauten die Vorschriften und Reglemente meiner Institution, die für meine Diplomarbeit massgeblich sind?

● Für welche Studienbereiche verfügt meine Institution über leicht zugängliche Ressourcen von guter Qualität?

Sie ersparen sich möglicherweise unangenehme Überraschungen, wenn Sie die Fragen beantworten.

3.3 Sie sind selten der erste, der dieses Thema bearbeitet

Es mag stimmen, dass über das Thema «Kreative Spiele im Altersheim ‹Bergblick›» noch nie etwas geschrieben wurde. Hingegen gibt es natürlich über Altersheime viele und sehr verschiedenartige Veröffentlichungen. Mit Ihrem Thema wählen Sie gleichzeitig auch ein Arbeitsfeld, in dem Sie längere Zeit verweilen werden. Sie werden sich mit Arbeiten und Analysen anderer Autoren vertraut machen und auseinandersetzen müssen. Es hat nicht viel Sinn, sich an ein allzu spezifisches Thema, das Sie gerade jetzt brennend interessiert, festzuklammern, ohne zu bedenken, welches Forschungsgebiet damit auf Sie zukommt.

3.4 Sich Zeit lassen

Ich habe in den vorhergehenden Abschnitten ausgeführt, weshalb die Themawahl Zeit braucht. Allzuviele Leute stürzen sich vorschnell auf ein Thema, ohne sich die Problematik richtig klar zu machen. Zeit braucht es nicht so sehr zum «Reifen» des Themas, sondern für alle notwendigen Schritte für eine «reife Wahl». Wählen heisst also: Sich dokumentieren, Kontakte aufnehmen, viele und verschiedenartige Abklärungen vornehmen, eine vorläufige Bilanz ziehen. Vorsicht ist besonders dann geboten, wenn Sie einen festen Termin für die Abgabe Ihrer Arbeit haben: genügend Zeit für die Wahl des Themas einkalkulieren!

3.5 Das «Panorama»-Thema – eine Falle

Wenn Sie Ihr Projekt genauer zu umschreiben beginnen, entdecken Sie vielleicht eine ganze Reihe lockender Themen.

Sie kennen das Studiengebiet noch nicht sehr gut und haben auch noch keine Übersicht über schon vorhandene Publikationen zur Fragestellung. In dieser Situation ist die Gefahr sehr gross, als «Panorama»-Thema einen «grossen Überblick» schaffen zu wollen (ein Beispiel dafür: die Sozialversicherungen in der Schweiz).

Man erkennt nicht immer sofort den «Panorama»-Charakter eines Themas. Besonders wenn das, was Ihnen im Kopf herum geht, ungeheuer «spannend» zu sein scheint. Es ist ja auch kein Fehler, sich einen grossen Appetit zuzutrauen. Eine «Panorama»-Arbeit mit Rundumblick liegt jedoch von den Ressourcen, wie z.B. Zeit, Kenntnisse, Materialbeschaffung, sicher überhaupt nicht drin. Darum: Nehmen Sie die Mühe auf sich, Ihre Arbeit auf ein vernünftiges, durchführbares Mass zu beschränken!

3.6 Die «engagierte» Arbeit

Es gibt Leute, die wählen das Thema im Hinblick darauf aus, dass mit der Arbeit eine sozialpolitische Aktion oder eine soziale Veränderung ausgelöst werden soll. Sie halten dabei leider oft diese Zielsetzung für nicht vereinbar mit einem wissenschaftlich orientierten Vorgehen. Sie betrachten «Wissenschaftlichkeit» und «Engagement» als absolute Gegensätze.

Diese Leute täuschen sich (siehe Kap. 5). Eine Diplomarbeit über «Das Rekursrecht im Kranken- und Unfallversicherungsgesetz» enthält mindestens ebensoviel politische Brisanz und Möglichkeiten für soziale Veränderungen wie eine Arbeit mit dem Titel «Die Alternativen zur Sozialarbeit».

3.7 Die «praktische» Arbeit

Andere Leute bemühen sich, möglichst nahe an der Praxis zu bleiben. Sie möchten ein «praktisches» Thema bearbeiten und sich nicht in Theorie verlieren. Auch das ist ein Missverständnis.

Jede noch so «praktische» Praxis bedient sich ja einer Theorie, ob sie dies nun bewusst tut oder nicht. Es gibt keine Argumente dafür, dass im Hinblick auf die Praxis theoretische Erkenntnisse auszuschliessen sind. Mit andern Worten: Es gibt keine «praktischen» Themen, die nicht mit einer Theorie verbunden sind.

3.8 Vier Regeln für die Themenwahl

Die nachfolgenden vier Grundregeln für die Wahl eines Themas bilden auch die Grundlage für den anschliessenden Test über die Durchführbarkeit einer geplanten Arbeit.

- Das Thema muss den Autor *interessieren*. Hüten Sie sich vor einer Fragestellung, die nicht Ihren Vorlieben, Ihrer Lektüre entspricht!

- Das Material muss für Sie *zugänglich* und konkret in Ihrer Reichweite sein. (Denken Sie besonders auch an die zur Verfügung stehende Zeit und die übrigen Rahmenbedingungen!)

- Das Material muss sich *bearbeiten lassen*. Sie sollten für die Bearbeitung über die notwendigen kulturellen und intellektuellen Hilfsmittel und Fähigkeiten verfügen.

- Sie müssen die gewählten *Arbeitsmethoden beherrschen.*

Diese Regeln sind die Grundlage für eine solide Themawahl. Sie sind weniger banal, als sie Ihnen vielleicht vorkommen mögen.

4

Wie testet man die Durchführbarkeit eines Themas?

> Nur beim Kartenspiel
> ist Erfolg eine Glückssache.
> Alain

4.1 Ein solcher Test ist wichtig

Das vorhergehende Kapitel hat Sie vielleicht nicht befriedigt. Für jedes Thema gibt es immer genügend Argumente, welche die Mühe für Bearbeitung lohnend erscheinen lassen. Ich schlage deshalb vor, das Problem einmal umzudrehen und zu fragen: Ist mein Wunschthema überhaupt bearbeitbar? Zur Beantwortung dieser Frage lässt sich ein Test durchführen. Der Test wird aufzeigen, womit Sie zu rechnen haben, wenn Sie sich auf das Thema einlassen. Er zeigt, woran Sie denken müssen, um die Risiken klein zu halten, die sich bei jedem Forschungsunternehmen unweigerlich einstellen. Und er erlaubt Ihnen, Ihr Thema gut dokumentiert und bei klarem Sinn zu wählen.

4.2 Der richtige Zeitpunkt für den Test

So früh als möglich! Allerdings lässt sich der Test kaum durchführen, wenn Sie das ins Auge gefasste Thema nicht schon ein wenig unter die Lupe genommen haben. Sie gehen am besten folgendermassen vor:

- Umschreiben Sie provisorisch die Idee für einen Diplomarbeitsstoff.
- Orientieren und dokumentieren Sie sich darüber; nehmen Sie gegebenenfalls Kontakt auf mit einigen kompetenten Personen.
- Formulieren Sie nur das Thema kurz und eindeutig.
- Wenn Sie soweit sind: Wenden Sie jetzt den Test an.

4.3 Ein Thema muss eindeutig formuliert sein, damit es getestet werden kann

Verstehen Sie mich recht: Der vorgeschlagene Test soll mehr als ein unverbindliches Vorgeplänkel sein. Er erfordert einiges an Vorbereitung und soll dann klare *schriftliche Wegmarken* hinterlassen. Konkret: ein Diplomarbeitsprojekt muss schriftlich formuliert sein (mit 15 bis 20 Zeilen), und zwar so genau und eindeutig wie möglich, damit es getestet werden kann. Nur anhand eines solchen kurzen Dokumentes können die verschiedenen Schritte des Tests angewendet werden. Handelt es sich um eine Gruppenarbeit, ist diese Vorsichtsmassnahme besonders wichtig.

4.4 Wer hilft Ihnen beim Test?

Wer ein Diplomarbeitsthema gewählt hat, kennt sein Problemfeld häufig nur sehr vage und überblickt auch den Problembereich, in den er sich begibt, nicht genügend. Diese Situation ist ganz normal. Lassen Sie sich deshalb bei der Durchführung des Tests helfen. Verschiedene Personen kommen dafür in Frage, vorausgesetzt, dass sie Erfahrung mit dem Problembereich haben und mit Diplomarbeitsaktivitäten vertraut sind. (Es kann z.B. der vorgesehene Diplomarbeitsberater sein.) Die Hilfe reicht, im besten Fall, von der Teilnahme am Test von A – Z bis zum Durchlesen und Kommentieren Ihres Dokumentes, das die Testergebnisse enthält.

4.5 Der Test im einzelnen

Der Test besteht aus einer Serie von Fragen, die sich auf zwei Bereiche beziehen: auf die Merkmale des Forschers (der Forschergruppe) und die Merkmale des Forschungsgegenstandes. Wichtig ist dabei vor allem die Beziehung zwischen diesen beiden Polen. Über die Komplexität oder Nützlichkeit einer Arbeit über den Kleinkredit lässt sich lange diskutieren; uns interessiert hier in erster Linie, inwiefern Frau Meier die Mittel und Voraussetzungen hat, um eine Diplomarbeit über den Kleinkredit durchzuführen. Wie können Sie das abklären? Beantworten Sie klar und ehrlich die acht Fragen des Tests, die auf Seite 28 in einem Schema dargestellt sind! Vier davon beziehen sich auf die charakteristischen Merkmale des Themas, vier auf die besonderen Kennzeichen des Forschers (der Forschergruppe). Wir stellen die acht Fragen mit einem kurzen Kommentar vor.

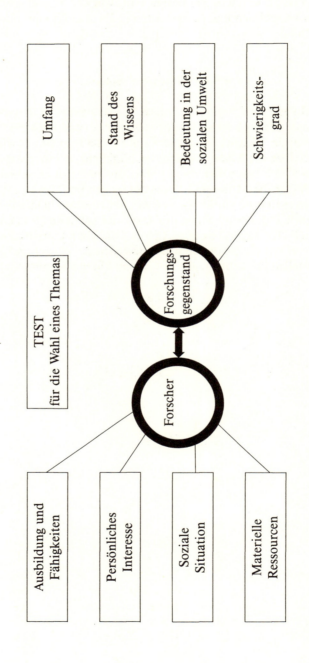

Fragen zum Thema

1. Der Umfang des Themas

Eine Anzahl von Tatbeständen, Personen usw. bilden den Ausgangspunkt für jedes Studienprojekt. Die Grösse des Personenkreises, die Dauer der Zeitspanne oder die Anzahl der Ereignisse, mit denen Sie sich in Ihrem Projekt befassen wollen, sind sehr wichtige Bestimmungsgrössen. Sie müssen sie genau festlegen. So ist es beispielsweise ein Unterschied, ob Sie «Die Einstellung der Gesundheitsschwestern zur Notwendigkeit einer Zusatzausbildung im Bereich der Sozialversicherungen» untersuchen wollen, oder nur «Die Einstellung der Gesundheitsschwestern des Lausanner Zentrums für Spitalexterne Krankenpflege zur Notwendigkeit...». Man kann eine Studie auch mehr oder weniger gründlich bearbeiten. Sie können sich zufrieden geben mit einer leicht verständlichen Information, die mehr an der Oberfläche bleibt, Sie können sich aber auch dafür entscheiden, tiefer zu schürfen. Es ist Ihrer Entscheidung überlassen, welchen Einsatz Sie leisten wollen. Auf jeden Fall sollten Sie ganz zu Beginn alle diese Punkte genau geklärt haben, wenn *immer* Sie sich später unangenehme Überraschungen ersparen wollen.

2. Der Stand des Wissens über das Thema

Gewisse Forschungsthemen haben schon lange das Interesse der Forscher auf sich gezogen. Es gibt darüber deshalb schon zahlreiche publizierte Arbeiten. Andere Studienobjekte tauchen neu auf und sind kaum untersucht. Je nach Situation ist die Ausgangslage für den Forscher völlig verschieden. Im ersten Fall kann er von einem vorhandenen Wissenskapitel profitieren, im zweiten Fall ist alles, oder fast alles, neu zu erarbeiten.

Dazu gibt es bestimmte Forschungsgegenstände, über die heftige Kontroversen entbrannt sind, die voneinander abweichen. Welchen Meinungen schliessen Sie sich an? Auch diese Ausgangssituation muss beurteilt werden.

Ihr Studienprojekt wird immer stark beeinflusst von der «Geschichte» Ihres Gegenstandes. Im Zweifelsfalle wenden Sie sich an kompetente Personen, die mit Ihnen die entsprechenden Konsequenzen für Ihr Projekt klären können.

3. Die Bedeutung des Themas in der sozialen Umwelt

Sie messen Ihrem Studiengegenstand eine ganz bestimmte Bedeutung bei – das tun natürlich auch die anderen. Gewisse Themen sind relativ neutral. Eine vergleichende Studie z.B. über die Wahlsysteme in den Städten des Kantons Bern wird Sie wohl kaum einer grossen Kontroverse aussetzen. Andere Themen können «heiss» sein, weil sie offene Konflikte betreffen oder Tabus und mächtige

Interessen berühren. Eine Arbeit über einen aktuellen sozialen Konflikt zu schreiben, ist nie ein Honigschlecken. Solche Realitäten beeinflussen die Aufgabe, die Sie erwartet, bis hin zu den Realisierungschancen. Eine derartige Situation müssen Sie besonders gründlich analysieren und sehr kritisch beurteilen.

Natürlich können Sie jederzeit Risiken eingehen: Aber sorgen Sie dafür, dass Sie diese auch bewältigen können.

4. Die Schwierigkeiten, das Thema einzufangen

Ein Diplomarbeitsprojekt kann aus verschiedenen Gründen als schwierig bezeichnet werden.

● Manchmal sind die Zusammenhänge rund um ein Thema so komplex, dass es schwer ist, ein brauchbares Konzept für die Arbeit zu finden. Durch einen ersten groben Überblick über die Literatur finden Sie vielleicht den Zugang leichter.

● Schwierigkeiten können sich auch durch eine erschwerte Zugänglichkeit des Materials ergeben. Das ist z.B. der Fall, wenn das Material geschützt ist, also einer Geheimhaltungsvorschrift untersteht.

Suchen Sie Lösungen für solche und ähnliche Schwierigkeiten, bevor Sie an die Bearbeitung des Materials gehen!

Fragen zum Forscher (zur Forschergruppe)

5. Ausbildung und Fähigkeiten

Wir kommen nun zu den Voraussetzungen, die Sie als Forscher betreffen.

Da ist einmal Ihre Ausbildungssituation. Die Diplomarbeit fällt in eine bestimmte Phase Ihres Studiums. Bis dahin haben Sie die Ausbildung nach einem festen Lehrplan absolviert. Vielleicht haben Sie dabei viel über Sozialgeschichte, aber nichts über Statistikanalyse gehört. Für die Durchführung seines Projektes ist für den Forscher diese seine konkrete Ausbildungssituation sehr wichtig.

Dazu kommen Ihre eigenen Persönlichkeitsmerkmale. Es wirkt sich auf Ihre Diplomarbeit aus, ob Sie z.B. leicht Kontakt aufnehmen können oder ob Ihnen schon der Griff zum Telefonhörer Mühe macht, wenn Sie eine Besprechung vereinbaren sollten.

Das alles bildet den Grundstock, über den Sie persönlich als Forscher verfügen. Machen Sie ein strenges und ehrliches Inventar Ihrer Fähigkeiten. Der einzige Verlierer sind Sie, wenn Sie zu mogeln versuchen. Ich will Sie damit nicht etwa auffordern, Ihre Möglichkeiten zu unterschätzen oder vor den Risiken zurückzuschrecken, die nun mal in der Begegnung mit dem Unbekannten stecken. Seine Grenzen anerkennen, heisst nach Möglichkeiten suchen, um sie zu überschreiten.

Wie ist es bei Gruppenarbeiten? Jeder Beteiligte bringt seine eigene Ausbildungssituation, seine eigenen persönlichen Voraussetzungen mit. Das macht jedes solcher gemeinsamer Vorhaben sehr komplex. Eine gute Zusammenarbeit und eine wirksame Arbeitsaufteilung kann nur gelingen, wenn Offenheit und Ehrlichkeit herrschen.

6. Die persönlichen Interessen

Es ist schwer, wenn nicht überhaupt unmöglich, während langer Wochen und Monate ein Thema zu bearbeiten, für das man sich gar nicht interessiert oder für das man ein Interesse nur vortäuscht (weil es z.B. gerade «in» ist, oder aus Konkurrenzgründen usw.). Prüfen Sie deshalb ernsthaft, ob Ihr Interesse am Thema echt ist. Sicher kann das Interesse am Thema im Laufe des Projekts erwachen und wachsen, unbestreitbar, aber es sollte ja dann auch andauern. Ein starkes Interesse am Studienobjekt ist eine der wichtigsten Energiequellen, die Sie für ein gutes Gelingen der Arbeit nötig haben.

Bei einer Gruppenarbeit ist diese Frage mindestens so entscheidend. Die emotionale Gruppenwärme kann das mangelnde Interesse am Thema kaum über längere Zeit verdecken.

Es geht hier um die klassische Frage nach der Motivation. Ein weites Feld: Es geht um Unsagbares, um Hemmungen, um die Preisgabe von Geheimnissen, um Ihr persönliches Engagement. Niemand zwingt Sie, etwas davon öffentlich zu Markte zu tragen. Im Gegenteil, ich finde es besser, mit seinen Motivationen diskret umzugehen. Unerlässlich hingegen ist es, sich selbst fortwährend gut zu kontrollieren. (siehe Kap. 2)

7. Die soziale Situation des Forschers

Sie tragen ein bestimmtes Bild von sich selbst mit sich herum, und die anderen machen sich ebenfalls ein Bild von Ihnen. Letzteres stimmt vielleicht gar nicht überein mit der Wirklichkeit. Das ist betrüblich. Trotzdem – das Fremdbild ist da. Es kann Ihre Möglichkeiten, das Forschungsprojekt zu bearbeiten, weitgehend bestimmen. Mit anderen Worten: Ihre persönlichen und sozialen Merkmale können ausschlaggebend sein für den Zugang zum Material, also Merkmale wie z.B. Ihr soziales Ansehen, der Beruf, die Zugehörigkeit zu bestimmten Institutionen und Gruppierungen. Diese Art von Problemen ist heikel und nicht immer voraussehbar. Ihr Status als Student kann Ihnen Türen öffnen, aber auch verschliessen. Sie studieren an der Ausbildungsstätte X, Y oder Z, und schon verweigert Ihnen eine Institution den Zugang zu den Informationsquellen. Später hören Sie dann zufällig, dass einer Ihrer Vorgänger vor drei Jahren ein nicht hinreichend abgestütztes Urteil über die Institution abgegeben hat. Sogar Gerüchte über Ihre politische Einstellung können zu Problemen führen.

Kurz, die «Gesellschaft» mischt sich ein. Diese gesellschaftlichen Realitäten muss man zu erkennen versuchen und sorgfältig in die Vorüberlegungen miteinbeziehen. Beim Ausarbeiten Ihrer Diplomarbeit setzen Sie Ihre eigene Person ein, aber nicht deren private, sondern ihre öffentliche Seite.

8. Die materiellen Ressourcen

Jede Diplomarbeit kostet etwas: Auf jeden Fall Zeit, häufig auch Geld für Reisen, für die Anschaffung von Büchern und Dokumenten, für die Herstellung des Berichts. Ihre Mittel können reichlich vorhanden oder sehr beschränkt sein. Auch diese Frage sollten Sie genau abklären. Ob Sie Ihr Vorhaben durchführen können, hängt auch von solchen Kriterien ab.

Wie viele Fragen! Und dabei habe ich in diesem Modell sicher nicht alle aufgezählt. Die Fragen werden mehr oder weniger deutlich in der einen oder anderen Durchführungsphase der Arbeit auftauchen. Dann war der vorangegangene Test sehr nützlich, und darum lohnt es sich auch, ihn mit der nötigen Sorgfalt auszuführen. Und nochmals konkret: Beantworten Sie die acht Fragen schriftlich und so differenziert wie möglich!

Sie haben nun ein Dokument mit Ihren Testresultaten in den Händen. Vielleicht sind Sie etwas ratlos, was Sie damit anfangen sollen. Ganz bestimmt zeigen Ihnen die Informationen, wo Sie sich sicher fühlen können, welche Schwierigkeiten sich überwinden lassen und wo die ganz dicken Fragezeichen liegen. Werfen Sie nicht sofort die Flinte ins Korn, sondern zwingen Sie sich zu einer Gesamtbeurteilung. Falls Sie tatsächlich besser auf Ihr Projekt verzichten sollten – das ist nicht so schlimm, es gibt ja noch andere Themen. Wenn Sie aber das Abenteuer mit Ihrem Thema wagen wollen, dann treffen Sie jetzt Ihre Wahl bewusster und besser auf Ihre persönlichen Möglichkeiten abgestützt. Sie sind sich auch klar geworden, welche Hindernisse allenfalls auftauchen könnten. Jede Wahl ist ein Risiko, das Ihnen niemand abnehmen kann.

5

Forschung, Methoden, Technik

> Ein Begriff hat dann am meisten Sinn,
> wenn er seine Bedeutung wechselt.
> Dann ist er der Wahrheit am nächsten –
> ein schöpferischer Augenblick!
> Gaston Bachelard

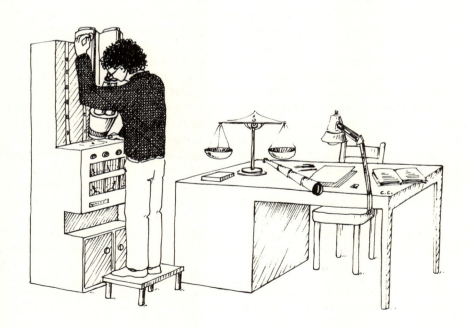

In Kapitel 1 habe ich die Diplomarbeit als eine wissenschaftliche Tätigkeit definiert. In allen Ihren Studiengängen findet sich unter anderem das Lernziel «wissenschaftliches Arbeiten», es lässt sich also lernen. Es gibt dafür Kurse wie «Methodologie», «Einführung in die Forschung», «Untersuchungstechniken», «Sozialforschung» usw. Solche Fächer sind unerlässlich für die Durchführung einer Diplomarbeit. Dieses Buch kann sie keinesfalls ersetzen, es verfolgt ja auch ganz andere Ziele. Hingegen möchte ich in diesem Kapitel einige Zusammenhänge zwischen der Praxis der Forschung und der Ausführung von Diplomarbeiten aufzeigen.

5.1 Die Diplomarbeit und die Forschung

Viele Diplomarbeiten beruhen auf bestimmten Forschungsaktivitäten. Diese Art von Forschung ist ohne Zweifel nützlich und notwendig, aber ihre Wissenschaftlichkeit wird in Frage gestellt. Besonders in den Sozialwissenschaften *«müssen wir uns damit zufriedengeben, unsere Annäherungen endlos zu verbessern».*[1] Dazu die folgenden Überlegungen von Jean Ladrière: *«Bei der Erforschung sozialer Phänomene ist ein grosses Fragezeichen zu setzen. Kann man sich in diesem Bereich auf die gleichen Methoden abstützen, die sich in den Sozialwissenschaften bewährt haben? Kann man überhaupt die Idee wissenschaftlichen Erkennens auf einen Wirklichkeitsbereich anwenden, in dem der Mensch als Hauptakteur im Mittelpunkt steht? Sobald Handeln ins Spiel kommt, hat man es unausweichlich mit Motivation, Zielen und Werten zu tun. Kann man diese Elemente wie ein gegebenes Objekt behandeln, kann man sie ‹objektivieren›? Steht man nicht im Gegenteil vor einem Aspekt der Wirklichkeit, der sich jedem Objektivierungsversuch radikal entzieht, und zwar grundsätzlich?»*[2]

Diese Frage muss man ernst nehmen. Die Anstrengungen, um die Erkenntnistheorie der Humanwissenschaften zu verfeinern, gehen denn auch unablässig weiter. Das lohnt sich, denn die Wissenschaft steht in direktem Zusammenhang mit dem Handeln. Hubert Blalock stellt fest: *«Normalerweise sind gut fundierte und aus strenger Forschung gewonnene Grundsätze die Voraussetzung für intelligentes soziales Handeln. Aber Grundsätze an sich genügen nicht. Das heisst, dass der Besitz des benötigten Wissens noch nicht garantiert, dass auch die Fähigkeit oder der Wille gemäss diesem Wissen zu handeln automatisch vorhanden ist. Andererseits wären wir ohne dieses Wissen gezwungen, uns weiterhin der Methode von ‹Versuch und Irrtum› zu bedienen, die längst ihre Unwirksamkeit und ihre hohen sozialen Kosten bewiesen hat.»*[3]

«Wir wollen den wissenschaftlichen Charakter der Humanwissenschaften nicht verabsolutieren, aber wir müssen anerkennen, dass sich wissenschaftliches Arbei-

---

1 Karl R. Popper, L'univers irrésolu. Plaidoyer pour l'indéterminisme, S.23, Hermann, Paris 1984
2 Vorwort zur Arbeit von P. de Bruyne, J. Herman und M. de Schoutheele, Dynamique de la recherche en sciences sociales, S.5. Presses Universitaires Françaises Paris 1974.
3 Introduction à la recherche sociale, S. 21, Duculot, Gembloux, 1973

ten durch spezifische Merkmale von andern sozialen Praktiken unterscheidet. Solche Merkmale sind: die Systematik, die Ausrichtung auf Tatsachen und die Intersubjektivität der Forscher hinsichtlich Methoden und Resultate.»[4]

«Wissenschaft ist nicht das Gleiche wie Wissen. Die Wissenschaft hat ihren bestimmten Platz im Wissen, ohne dass sie dieses auslöscht oder ausschliesst. Sie strukturiert gewisse Gegenstände des Wissens, systematisiert gewisse Aussagen, formalisiert bestimmte Konzepte und Strategien.»[5]

Halten wir fest: ein wissenschaftliches Vorhaben verlangt andauernde Aufmerksamkeit. Diese lässt sich lernen und einüben.

5.2 Ist die Diplomarbeit eine wissenschaftliche Arbeit?

Man kann sich fragen, wie es um die Wissenschaftlichkeit einer Diplomarbeit steht. Umberto Eco hält eine Arbeit dann für wissenschaftlich im weitesten Sinn, wenn die folgenden vier Regeln beachtet worden sind:

«● *Der Untersuchungsgegenstand muss so eindeutig definiert sein, dass auch Aussenstehende erkennen können, um was es geht.*

● *Die Aussagen über das Untersuchungsobjekt sollen neu sein oder es von einer andern Seite her beleuchten, als dies in bisherigen Publikationen geschehen ist.*

● *Die Untersuchung muss für andere von Nutzen sein.*

● *Die Arbeit muss die Kriterien enthalten, mit denen die aufgestellten Hypothesen verifiziert oder falsifiziert werden können; sie muss gewissermassen selbst die Elemente für eine öffentliche Diskussion liefern. Gerade dies ist eine grundlegende Forderung.»*[6]

Ich kann hier nicht ausführlicher auf diese Elemente eingehen. Konsultieren Sie Ihre Vorlesungsnotizen über Erkenntnistheorie und Sozialforschung oder wenden Sie sich an Ihren Diplomarbeitsberater!

Eine wissenschaftliche Forschung ist immer ein Suchen mit kritischer Distanz zum Offensichtlichen, dessen Schein oft trügt. Was «auf der Hand liegt» wird umso leichter akzeptiert, je besser es Wissenslücken zudeckt und Interesse oder Privilegien verstärkt oder aufrechterhält. Der Forscher darf nicht nachlassen, gegen alle blind machenden scheinbaren «Tatsachen» zu polemisieren. Nur allzuleicht erliegt man der Illusion, das Offensichtliche sei auch unmittelbar erkennbar.»[7]

---

[4] P. de Bruyne u.a., a.a.O., S.22
[5] M. Foucault, L'archéologie du savoir, S. 241, Gallimard, Paris 1969
[6] a.a.O., S. 39 ff
[7] P. Bourdieu u.a., Le métier de sociologue, S. 35, Mouton, Paris 1971

5.3 Die Pole der Untersuchung

Was geht während einer Forschungstätigkeit vor? Schematisch kann man sagen, dass der Forscher seine Untersuchung um vier Pole herum gruppiert: Erkenntnistheorie, Theorie, Morphologie und Technik.[8]

Diese vier Pole entsprechen nicht vier verschiedenen Zeitabschnitten der Untersuchung. Es sind vielmehr vier verschiedene Aspekte ein und desselben Schrittes einer wissenschaftlichen Aktivität. Jede Untersuchung folgt ausdrücklich oder unausgesprochen diesen Polen, die selbstverständlich eng miteinander verknüpft sind. Ich will sie mit P. Bruynes Formulierungen kurz charakterisieren:

- «Der *erkenntnistheoretische Pol* übt eine vorwiegend kritisch überwachende Funktion aus. Er garantiert während der ganzen Untersuchung die Objektivität – d.h. eine objektive Beurteilung. Er garantiert eine sachliche Problemdefinition und bewirkt, dass die Schwierigkeiten bei der Untersuchung offen dargelegt werden. Er entscheidet letztlich auch über die anzuwendende wissenschaftliche Methode, über die Erklärung der Resultate und über die Angemessenheit und Gültigkeit der verwendeten Theorien.»

- «Der *theoretische Pol* erhellt die Aufstellung von Hypothesen und die Konstruktion von Konzepten. Hier werden wissenschaftliche Fragestellungen systematisch formuliert. Dieser Pol hält Regeln bereit für die Erklärung von Fakten und für die Formulierung von ersten Lösungsvorschlägen für die untersuchten Probleme. Hier werden Wissenschaftssprachen entwickelt und die Richtung der Konzeptualisierung bestimmt.»

- «Der *morphologische Pol* legt Regeln für die Strukturierung fest. Er regelt die Gestalt des wissenschaftlichen Gegenstandes und gibt ihm eine bestimmte Form und eine bestimmte Anordnung seiner Elemente. Der morphologische Pol hält verschiedene Methoden für die Strukturierung der Grundelemente des wissenschaftlichen Gegenstandes bereit: die Typologie, den Ideal-Typ, das System, die strukturellen Modelle.»

- «Der *technische Pol* kontrolliert die Materialsammlung. Er versucht, das Material so festzuhalten, dass es mit der Theorie verglichen werden kann, die den Ausgangspunkt für die Materialsammlung bildet. Er fordert Genauigkeit in den Feststellungen, garantiert aber für sich allein noch keine Richtigkeit.»[9]

Man kann sagen: Die Voraussetzung für die Beherrschung eines Forschungsprojektes und seiner Methoden ist die Kontrolle dieser vier Pole und ihrer Verknüpfungen. Explizit oder implizit beziehen Sie sich beim Arbeiten an Ihrem

---

[8] Ich stütze mich hier auf das Modell von P. Bruyne u.a., a.a.O., S. 34 ff. Die Lektüre dieses Büchleins ist sehr klärend.
[9] a.a.O., S. 34-36

Projekt immer darauf. Es lohnt sich, sich in die Wissensgebiete der vier Pole zu vertiefen.

5.4 Bemerkungen zur Aktionsforschung

Es gibt eine Untersuchungsform, die – leider – viel zu selten angewandt wird: Es ist die Aktionsforschung. Sie berücksichtigt besondere Regeln, die ich kurz auffrischen will. Aktionsforschung ist eine Form der Forschung, die sich im Widerstand gegen die «traditionellen» Forschungsformen entwickelt hat. Die Aktionsforschung versteht sich als Kritik gegenüber dem Gebrauch der Sozialwissenschaften als Herrschaftsinstrument. Sie will die Untersuchungsergebnisse direkt in soziale Aktionen einfliessen lassen.

Aktionsforschung ist nicht «angewandte Forschung», die auch auf die Lösung konkreter Probleme zielt. Aktionsforschung hat den Anspruch, *eine neue Verbindung zwischen Theorie und Praxis* herzustellen.

Die Aktionsforschung setzt einen Erkenntnisprozess in Gang, der auf die *Emanzipation* der Forscher wie auch der Subjekte der Forschung ausgerichtet ist. (Mit *«Subjekt»* werden diejenigen Personen oder Personengruppen bezeichnet, auf die sich die Forschung bezieht.)

Aktionsforschung setzt voraus, dass Forscher und Forschungssubjekte gemeinsam das *Forschungsziel* formulieren.

Kurt Lewin, der Begründer der Aktionsforschung, sah *«den Forscher und die Subjekte gemeinsam auf dem Weg zu neuen Erkenntnissen»*.

Es ist auch wichtig, dass Forscher und Subjekte ein gemeinsames *Aktionsfeld* abstecken. Die Subjekte sind nicht durch ihre Zugehörigkeit zu einer sozialen Kategorie definiert, sondern durch ihre Zugehörigkeit zu einem konkreten Interaktionsfeld, in welchem es einen Konsens zu finden gilt. Das Problem, für das eine Lösung gesucht wird, muss bewusst den Schwerpunkt im gemeinsamen Aktionsfeld bilden. Zudem ist es wichtig, dass die Subjekte der Forschung wenigstens teilweise identisch sind mit den Personen, welche die soziale Aktion durchführen.

Für die Kommunikation zwischen den verschiedenen Akteuren gibt es bestimmte charakteristische Voraussetzungen. Die *Kommunikation* muss symmetrisch verlaufen. (Gleichheit der Rechte und Chancen trotz Ungleichheit der Ressourcen und/oder der Kenntnisse.) Es ist dafür zu sorgen, dass das Wissen an alle Partner gleichmässig weitergegeben wird, es darf nirgends ein Wissensmonopol entstehen. So kann die Subjekt-Objektbeziehung aufgehoben werden, die traditionellerweise zwischen den Forschern und den als «Objekte der Forschung» Bezeichneten besteht. An die Stelle eines allgemeinen Misstrauens tritt *kritische Einfühlung (Empathie)*. Ein wechselseitiges Verständnis verbindet die Partner.

Ganz wichtig ist es, dass die Forschung den zu lösenden Problemen angemessen ist. Das bedeutet, dass die Partner bei aller garantierter Autonomie und Chancengleichheit bei der Lösung ihrer Probleme sich an das halten müssen, was zu Beginn als spezifische Problematik ausgehandelt wurde. Natürlich ist dabei auch der *historische Kontext* zu berücksichtigen.

So reduziert die Aktionsforschung die Distanz zwischen Theorie und Praxis in dem Sinn, dass die wissenschaftlichen Forschungsergebnisse und die Anwendung derselben in *einer* Aktion zusammenfliessen. Die Aktionsforschung begrenzt die Asymmetrie zwischen Forschern und Forschungssubjekten; sie garantiert den Forschungssubjekten die Kontrolle über die Problemdefinition, über den Forschungsprozess und über die Verwendung der Resultate. Die Aktionsforschung verlangt eine objektive *Auswertung*, die sich auf drei Bereiche bezieht: auf die Interaktionen während des Forschungsablaufs, auf die Veränderungen im Forschungsfeld im Laufe der Forschung, auf die strukturellen Bedingungen, welche dem Fortgang der Forschung förderlich oder hinderlich waren. Eine solche Auswertung erlaubt, die «Objektivität» der Forschung zu messen, indem sowohl die theoretischen Erkenntnisse berücksichtigt werden als auch die Wirksamkeit der Forschung bei der Lösung der anvisierten Probleme.[10]

Wenn Sie in Ihrer Diplomarbeit Aktionsforschung anwenden wollen, dann ist Ihnen dieses Buch nur teilweise eine Hilfe. Ich müsste meine Ausführungen gründlich interpretieren. Die hier kurz zusammengefassten Grundsätze dieser Methode zeigen Ihnen nur die Richtung an, in der sich Vorgehen und Organisation Ihrer Arbeit bewegen muss.

Übrigens: Aktionsforschung ist ein Abenteuer, ein Gruppenabenteuer. Die Gruppe kann Ihnen helfen, die nötigen Ressourcen für Ihre Arbeit zu finden.

---

10 Zu diesen Fragen siehe auch die Arbeiten von Katharina Ley, insbesondere das Buch: Frauen in der Emigration. Huber, Frauenfeld 1979.

6

Die grossen Etappen bei der Durchführung der Diplomarbeit

6.1 Sinn und Grenzen dieses Modells

Die Realisierung einer Diplomarbeit erstreckt sich in der Regel über eine längere Zeitspanne. Aus verschiedenen Gründen gibt es zudem oft auch Unterbrechungen, welche die Arbeit «zerstückeln» (Intensivwochen, Examensvorbereitungen, Militärdienst usw.). Daran lässt sich wenig ändern, aber man kann diese Tatsachen wenigstens von Anfang an miteinplanen. Der Autor muss gerade wegen solchen Unterbrüchen sein Vorhaben und seine verschiedenen Etappen gut überblicken. Eine allgemeingültige Abfolge der Etappen lässt sich schwer festlegen, sind doch die möglichen Formen der Diplomarbeit allzu verschieden. Es gibt deshalb auch Unterschiede in der Reihenfolge und der Dauer der einzelnen Phasen. Jeder muss deshalb selbständig planen, handeln und vielleicht die Planung korrigieren. Dieses Kapitel hat deshalb nur Hinweischarakter. Trotzdem kann man sich für viele Arbeiten an den folgenden Ausführungen orientieren und die Planung gemäss den Etappen vornehmen, allenfalls mit gewissen Anpassungen des Modells.

6.2 Die verschiedenen Etappen

Ich unterscheide elf Arbeitsetappen oder -phasen, die ich nacheinander mit einem kurzen Kommentar darstellen will. Lernen Sie sie kennen und schätzen Sie ab, ob sie für Ihr Projekt brauchbar sind. Wenn nicht, dann ändern oder ergänzen Sie, bis die Etappen den Besonderheiten Ihrer Arbeit angemessen sind.

1. Etappe: Die Idee taucht auf
Man weiss nie genau, wann diese Etappe beginnt und in welcher Art sie sich abspielt. Einmal müssen Sie diese Phase abschliessen, obwohl das Zögern fruchtbar sein kann. Zögern Sie nicht zu lange, die Realisierung lässt sich nicht hinausschieben.

2. Etappe: Informationen sammeln, Literatur durchsehen
Eine Idee zu haben genügt nicht, wenn sie nicht in Aktivitäten umgewandelt wird.
    Beginnen Sie bei einigen kompetenten Personen Informationen zu sammeln und schauen Sie sich in der einschlägigen Literatur um.

3. Etappe: Das Thema wird systematisch dargelegt.
Das ist eine sehr wichtige Sache. Sie beschreiben in zehn (oder etwas mehr) Zeilen mit grosser Genauigkeit den Gegenstand, den Sie analysieren wollen. Vergessen Sie nicht, die Abgrenzung Ihres Untersuchungsfeldes klar anzugeben. Dieser Text ist nicht unabänderlich, Sie können ihn wenn nötig später etwas verändern. Vorerst aber ist er eine Leitlinie für Ihre Untersuchung und eine Diskussionsbasis für die Gespräche mit Ihren Auskunftspersonen. Unklarheiten in diesem Zeit-

punkt führen immer zu mühsamen und zeitraubenden Umwegen. (Ich betone nochmals: Dies ist ein sehr entscheidender Arbeitsschritt! Wenn Sie damit Mühe haben, lassen Sie sich rechtzeitig beraten.)

4. Etappe: Der Zeitpunkt für einen Überprüfungstest ist gekommen.
Sie können nun den «Praktikabilitäts-Test» durchführen, den ich in Kap. 4 beschrieben habe. Als Unterlage dient Ihnen das Dokument, in dem Sie Ihr Vorhaben systematisch dargelegt haben.

5. Etappe: Das Thema wird definitiv gewählt, die Lektüre weitergeführt.
Ihr Studienobjekt lässt sich nun mit Hilfe des Tests näher präzisieren und modifizieren. Vor allem sind Sie jetzt auch in der Lage, sich endgültig für die Durchführung zu entscheiden. Sie gehen in gewissem Sinne ein Engagement, eine Verpflichtung ein. Vertiefen Sie sich in weitere Publikationen, die Ihnen die verschiedenen Aspekte Ihrer Untersuchung erhellen können.

6. Etappe: Ein detailliertes Arbeitsprogramm wird ausgearbeitet.
Warten Sie damit nicht zu lange. Ein detailliertes Arbeitsprogramm ist ein Wegweiser für Ihre Aktivitäten, ein Arbeitsplan... (Entwurf des Plans s. Kap. 15.)

7. Etappe: Die einzelnen Schritte des Arbeitsprogramms werden ausgeführt.
Es warten viele Aktivitäten auf Sie, und Sie werden dafür viel Zeit brauchen. Es sind ja diese Aufgaben, die den zentralen Teil Ihrer Arbeit ausmachen.

8. Etappe: Eine Zwischenbilanz ist fällig
Etwa in der Mitte Ihrer Arbeit empfehle ich Ihnen, eine vorprogrammierte Pause einzuschalten. Ganz unbemerkt sind Sie vielleicht von Ihrem Plan abgewichen, einige Kapitel sind ungewollt angeschwollen, andere haben sich als undurchführbar erwiesen oder sind unnötig. Umorientierungen in der Planung und oft auch im Inhalt drängen sich auf. Ein voller Arbeitstag ist sicher nicht zu viel, wenn Sie Ihre Arbeit genau und kritisch durchlesen und verbessern wollen.

9. Etappe: Das Redaktionskonzept wird ausgearbeitet
Der Schlusstermin und damit das Schreiben der Arbeit rückt näher. Das Redaktionskonzept wird in Kap. 15 erläutert.

10. Etappe: Die Schlussredaktion
Bevor Sie sich an die endgültige Fassung der Arbeit machen, müssen Sie alle Ihre Texte nochmals sehr aufmerksam und genau durchlesen. Es ist nötig, sich die ganze Arbeit «am Stück» nochmals zu Gemüte zu führen, vor allem, um Wiederholungen und Weitschweifigkeit zu vermeiden.

11. Etappe: Das Manuskript/Typoskript wird hergestellt und verbreitet
Über diese beiden Vorgänge siehe Kap. 22 und 23. *Vorsicht!* Diese Arbeiten kön-

nen sehr viel Zeit beanspruchen. Überstürzen Sie nichts! Denn: Es nützt nichts, wenn Sie rascher laufen. Sie müssen pünktlich starten!

Ein Vorschlag

Lesen Sie dieses ganze Kapitel nochmals durch, wenn Sie Kapitel 15 («Planung und Pläne») kennengelernt haben. Warum? Allzu oft höre ich Kommentare über Diplomarbeiten wie: «Mangelnde Einheitlichkeit», «kein roter Faden», «ein Sammelsurium unzusammenhängender Kapitel», «keine Beziehung zwischen Theorie und empirischer Analyse» usw. Ich weiss, technische Vorsichtsmassnahmen allein genügen nicht, um diese Klippen zu umschiffen, sie können aber immerhin dabei hilfreich sein.

7

Eine Arbeitstechnik: Der «Ordner»

> Alles bewegt sich, ordnet sich und fühlt
> seine Existenz; die Materie lebt...
> St. Lambert

7.1 Warum ich diese Arbeitsmethode vorschlage

Wie geht man praktisch vor, um die Diplomarbeit erfolgreich abschliessen zu können?

Es gibt Leute, die das wissen. Sie haben früher schon längere Texte geschrieben und einen differenzierten Methodenunterricht hinter sich. Für sie ist dieses Kapitel nicht bestimmt, sie können ruhig die nächsten Seiten überspringen.

Wenn Sie nicht zu diesen Leuten gehören, dann quält Sie vielleicht jetzt die Frage: Wie packe ich es an? Sie haben Ihr Projekt definiert. Sie haben Material gesammelt, das auf seine Verwertung wartet. Ein Stoss von blütenweissen Blättern möchte beschrieben werden. Ich schlage Ihnen eine Vorgehensweise vor, die Ihnen mehr Sicherheit geben und Sie stimulieren wird. Ich nenne dieses Vorgehen abgekürzt die «Methode des Ordners». Sie enthält auch einige Hinweise für den Gebrauch von Karteikarten und Karteien. Diese Methode scheint mir ganz besonders geeignet für alle diejenigen, die mit Unterbrüchen und unter erschwerten Umständen arbeiten müssen (z.B. wenn Sie die Diplomarbeit parallel zur Berufsarbeit und/oder zu wichtigen Familienverpflichtungen schreiben müssen). Nach meinen Beobachtungen erleichtert diese Methode ganz allgemein die Organisation der Diplomarbeit. Sie hilft, unnütze Umwege zu vermeiden, und spart Zeit. Auch die Redaktion der Arbeit wird einfacher. Zwar ist keine Methode die alleinseeligmachende, und doch möchte ich Ihnen mit guten Gründen die «Methode des Ordners» empfehlen.

7.2 Eine Wiederholung

Die Diplomarbeit ist vor allem eine intellektuelle Arbeit. Sie bezieht aber auch Ihren Körper mit ein, besonders alle Ihre Sinne. Man kann die physischen Aspekte eines solchen Unternehmens nicht ausser acht lassen.
Wie Sie wissen, muss die Diplomarbeit eine Einheit bilden. Eine Anzahl von verschiedenen Teilstücken und Vorgehensschritten müssen zu einem möglichst stark zusammenhängenden Ganzen, zu einer Synthese gebracht werden. Damit diese Einheit bewahrt oder erreicht wird, müssen Sie konkrete Vorkehren treffen. Eine Abschlussarbeit lässt sich selten im voraus bis in alle Einzelheiten planen. Sie muss häufig umstrukturiert werden, was typisch ist für die Dynamik jeder Forschung.

● Für Ihre Arbeit stehen Ihnen eine bestimmte Anzahl Wochen oder Monate zur Verfügung. Sie wissen, dass nicht alle Arbeitstage gleich sein werden. Neben Augenblicken schönster Klarheit und ganz grosser Form erleben Sie fiebrige Tage, Regentage und tiefste «downs» am nächsten Morgen. Unsere Arbeitsmethode muss damit rechnen.

● Eine Menge von Dokumenten begegnet Ihnen, indem Sie Ihre Dossiers und Bibliografien bearbeiten. Der Wert dieser verschiedenen Dokumente ist nicht immer sofort erkennbar. Denken Sie daran: Die Dokumente geben ihren Gehalt nicht gleich bei der ersten Kostprobe preis!

● Gute Ideen stellen sich nicht alle zur gleichen Zeit ein. Ein Kapitel wird reichhaltiger, wenn Sie es, gleich wie der Maler sein Bild, wiederholt auf die Staffelei stellen.

● Analysieren und kritisch beurteilen kann man nicht auf Befehl. Analyse und Kritik entwickeln sich nur befriedigend, wenn man das Ganze der Arbeit im Blick hat. Sorgen Sie dafür, dass sich der Überblick zu jedem Zeitpunkt leicht herstellen lässt. Nur so haben Sie die Voraussetzungen geschaffen, die für Ihr intensives Nachdenken über die Analyse und Synthese des Stoffes nötig sind.

● Vergessen ist nicht ein «Privileg» der andern! Während der Vorbereitung der Arbeit häufen sich die Informationen. Im Augenblick ist die Versuchung gross, Ihr Gedächtnis zu überschätzen. Das Vergessen liegt immer auf der Lauer! Es wird die Einzelheiten verwischen, die Sie dann bei der Herstellung des Manuskripts mühsam wieder zusammensuchen müssen.

● Sicher sind gute Ratschläge allgemeiner Art nützlich; sie genügen nicht. Halten Sie auf alle Fälle die Verbindung zu jenen Personen aufrecht, von denen Sie Unterstützung erwarten können. Solche Verbindungen haben materielle Auswirkungen (Zeit, Geld) und beeinflussen Ihre Vorgehensweise in verschiedenem Mass. Das gleiche gilt für die Kommunikation unter den Gruppenmitgliedern, die gemeinsam eine Diplomarbeit ausarbeiten.

Aus allen diesen Überlegungen heraus empfehle ich Ihnen die «Methode des Ordners».

7.3 Das Modell wird im einzelnen dargestellt
(siehe das Schema auf der folgenden Seite)

Rohmaterial

● Ein oder zwei solide Ordner für Blätter vom Format A4 (in der Schweiz nennt man sie auch «Bundesordner»)

● Gelochte Blätter A4 von guter Qualität, die einiges an «Manipulation» ertragen

● Eine Schere

● Klebstift, ein Kugelschreiber, der schwarz oder rot schreibt (beim gegenwärtigen Stand des Photokopierens).

Was man sich angewöhnen sollte

● Beschreiben Sie ausschliesslich nur eine Seite jedes Blattes (es muss auseinandergeschnitten und neu zusammengesetzt werden können).

- Füllen Sie Ihre Blätter nicht allzusehr aus. (Sie werden später Kommentare, Ergänzungen, Änderungen beifügen müssen.)
- Benützen Sie wenn möglich ein Blatt nur für *einen* Gedankengang.
- Schreiben Sie leserlich und vollständig, nicht im Telegrammstil. (Das erlaubt Ihren Kollegen oder dem Diplomarbeitsberater, Ihren Entwurf zu lesen, und erspart Ihnen auch ein umständliches Suchen, wenn Sie Ihren lückenhaften Text ergänzen wollen.)

Das Modell

Betrachten wir nun auf der nächsten Seite das Schema des Modells. Wie Sie sehen, habe ich zwei Ebenen und acht Etappen unterschieden. Diese Einteilung erlaubt mir eine einfache Darstellung des Schemas.

Schema des Modells

	im Kopf	im Ordner
1	erste Idee	eine beschriftete Seite
2	Disposition überlegen	Aufbau des Ordners festhalten
3	Lesen, Recherchieren	Ordner füllen
4	Zwischenbilanz erstellen	Ordneraufbau überprüfen und eventuell ändern (1. Mal)
5	Arbeitsprogramm überlegen	Ordneraufbau eventuell anpassen (2. Mal)
6	Lesen, Recherchieren	Ordner füllen
7	Konzept für die Redaktion überlegen	Ordner reorganisieren (z. B. zwei Ordner)
8	Redigieren	Umwandeln des Ordners in ein Manuskript/Typoskript

Erste Spalte: im Kopf.
Diese Spalte umfasst sämtliche intellektuellen Tätigkeiten, die Sie bei der Herstellung der Diplomarbeit ausführen müssen.

Zweite Spalte: im Ordner.
Hier geht es um die sichtbaren «Ablagerungen» der intellektuellen Tätigkeiten. Ich schlage Ihnen vor, diese in einem oder mehreren Ordnern zu sammeln. Ich gehe von einer Hypothese aus, die sich in vielen Fällen als richtig erwiesen hat: In Ihrer ersten Diplomarbeitsidee liegt als Keim schon das intellektuelle Resultat vor, zu dem Sie gelangen wollen; die Blätter, auf denen Sie Ihre Idee/Ihr Projekt kurz beschreiben, stellen rudimentär schon das Manuskript dar, das entstehen wird. Es besteht eine Dauerbeziehung zwischen Ihren intellektuellen Tätigkeiten, Ihrem Denken und dem Dossier, in dem Sie diese Gedankenarbeit sammeln und «ablagern» (= der Ordner). Diese Beziehung braucht Ihre Pflege, das dynamische Hin und Her muss organisiert sein. Was sich in Ihrem Kopf abspielt, hinterfragt und verändert das, was sich im Ordner befindet. Und umgekehrt: Was Sie im Ordner lesen und nochmals lesen, regt Ihre Überlegungen an und bereichert Ihre Analysen. Diese Wechselbeziehung erfordert eine Anzahl sehr «handfester» Vorkehrungen, die ich in diesem Kapitel beschreiben will.

Schauen wir uns nun an, was sich in den acht Etappen abspielt, die ich als Einteilung gewählt habe (siehe Schema).

1. Etappe:
Sie halten Ihre *erste Idee* sofort in einer kurzen, aber relativ präzisen Niederschrift fest. Diese dient Ihnen als Ausgangspunkt für die Beschaffung von Informationen, von Ratschlägen, von Beurteilungen usw. Es ist das erste Blatt, das Ihr leerer Ordner aufnimmt (=das kleine Samenkorn...).

2. Etappe: In Gedanken erscheinen Ihnen unmittelbar die verschiedenen Dimensionen, durch die Ihr Forschungsgegenstand bestimmt wird. Diese Dimensionen ergeben die *Disposition* (den Aufbauplan) der Arbeit. (Über den Begriff «Disposition» siehe Kap.15.)

Eine Disposition besteht z.B. aus sechs Kapiteln mit durchschnittlich vier Abschnitten pro Kapitel. Das ergibt 24 Titel und Untertitel. Schreiben Sie jeden dieser Titel und Untertitel auf ein Blatt und legen Sie diese 24 Blätter in Ihren Ordner ab. Der so entstandene Planungsordner ist ein erstes Abbild Ihrer Diplomarbeit.

3. Etappe: Sie setzen Ihre *Lektüre* fort, Sie verarbeiten verschiedenartige *Dokumente* und treiben Ihre *Recherchen* voran. Legen Sie die Resultate dieser Tätigkeiten dorthin in den Ordner, wo sie hingehören. Ein Strom von Blättern wird sich in die verschiedenen Kapitel und Abschnitte ergiessen und Ihren Ordner bereichern. Was enthalten diese Blätter? Es gibt verschiedene Kategorien: Die einen Blätter sind Photokopien von wichtigen Texten und Dokumenten. (Vergessen Sie nie, auf jedes Blatt die vollständigen genauen Angaben über ihre Herkunft zu notieren!) Andere Blätter enthalten Ihre eigenen Überlegungen und Analysen. Es gibt ferner die Bibliographie-Blätter. (Schreiben Sie auf jedes Blatt nur die Angaben für eine einzige Publikation, das wird Ihnen die Zusammenstellung der vollständigen Literaturliste gewaltig erleichtern!) Schliesslich legen Sie auch Hinweisblätter in den Ordner, auf denen Sie nützliche Informationen festhalten (Adressen von Auskunftspersonen, eine Telefonnummer, Hinweise auf Arbeitsschritte, die noch gemacht werden müssen usw. usw.). Sie werden auch immer wieder neue Aspekte Ihres Studiengegenstandes entdecken – der Ordner nimmt an Umfang zu.

4. Etappe: Diese ist kurz, aber nützlich. Der Zeitpunkt für eine *Zwischenbilanz* ist gekommen. Konkret heisst das, dass Sie einen halben oder ganzen Tag damit zubringen, den ganzen Inhalt des Ordners durchzulesen und Ihre bisherigen Aktivitäten kritisch zu beurteilen. Das kann dazu führen, dass Sie den Ordner umorganisieren.

5. Etappe: Sie beherrschen jetzt die Grundzüge Ihres Themas genügend, um *ein ins Einzelne gehendes Arbeitsprogramm* aufzustellen. Dabei handelt es sich um nichts anderes als um eine allfällige Umorganisation der Ergebnisse und um die Festlegung der nächsten wichtigen Aktivitäten. Es liegt auf der Hand, dass auch eine Neuordnung des Ordners damit einhergehen kann. Das ist eine einfache Sache, alles ist ja beweglich. Die genaue Kennzeichnung der Blätter erlaubt es Ihnen, sie ohne jede Schwierigkeit dort neu einzuordnen, wo sie ihrem Inhalt gemäss hingehören.

Nochmals einige Vorsichtsmassregeln.

● Versehen Sie Ihre Blätter im Ordner mit Seitenzahlen und tun Sie das regelmässig! Wie leicht passiert ein Unglück, das Chaos ist da.

● Wenn Sie mit Unterbrüchen arbeiten müssen, dann lesen Sie vor jeder Fortsetzung Ihrer Arbeit den ganzen Inhalt des Ordners durch, damit Sie den Gesamtüberblick über das bisher Erarbeitete zurückgewinnen.

● Blättern Sie häufig im Ordner, wenn Sie an einem toten Punkt angelangt sind. Ihr Text und Ihre Überlegungen werden dabei wieder lebendig, und es fällt Ihnen leichter, Ergebnisse zu interpretieren und zu beurteilen.

● Seien Sie sehr vorsichtig mit dem Wegwerfen von Dokumenten! Was Ihnen heute wertlos erscheint, kann morgen gerade noch sehr nützlich sein. Der Papierkorb steht auch am Ende der Diplomarbeitszeit neben Ihnen.

6. Etappe: Sie arbeiten gemäss dem detaillierten Arbeitsplan weiter, Sie *lesen* und *recherchieren*. Der Ordner füllt sich mehr und mehr, vielleicht braucht er einen kleinen Bruder.

7. Etappe: Einmal muss man Schluss machen können. Der Schlusstermin nähert sich, Sie müssen an die Redaktion der Arbeit denken. Entwerfen Sie nun das *Redaktionskonzept.* (siehe Kap. 15). Zum letzten Mal muss der Ordner umorganisiert werden. Schere und Klebstift treten nun in Aktion. Ein grosser Teil Ihrer bisher aufgewendeten Arbeitszeit kommt nun sozusagen als Gewinn zu Ihnen zurück. Sie ordnen Ihre Arbeit gemäss der Disposition, die Sie sich vorgenommen haben. Das ist ein wichtiger Vorgang. Seien Sie vorsichtig! Wenn Sie nicht ganz sicher sind, ob die neue Einordnung auch wirklich richtig ist, wenn Sie zögern – dann photokopieren Sie zuerst einmal den ganzen Inhalt des Ordners. So sichern Sie das Bestehende und können die Originale sorgloser auseinanderschneiden. Sollten Sie sich geirrt haben, so lässt sich der Vorgang wiederholen.

8. Etappe: Reichhaltig und gut geordnet steht der Ordner vor Ihnen. Ein wichtiger Teil Ihrer Arbeit ist damit schon geleistet. Die *Umarbeitung zu einem Manuskript* ist nicht mehr schwierig.

7.4 Voraussetzungen für die Anwendung des Modells

Damit die «Methode Ordner» wirksam ist, müssen einige Voraussetzungen erfüllt werden. Man muss den Ordner oft und in seinem ganzen Umfang brauchen. Man muss sich streng an die Methoden-Regeln halten. Das Umordnen wird z.B. sehr schwierig, wenn Sie mehrere Gedankengänge auf das gleiche Blatt schreiben. Schliesslich: die Methode muss den Besonderheiten des Themas angepasst werden und ebenso den besonderen Ereignissen, die möglicherweise beim Ausarbeiten einer Abhandlung eintreffen können. Lassen Sie sich notfalls helfen, klammern Sie sich nicht stur an das beschriebene Modell!

7.5 Karten und Karteien

Viele Leute benützen eine andere Methode, sie steht hoch im Kurs. Es ist eine Arbeitstechnik, die sich auf den Gebrauch von Karten und Karteien stützt. Sie wird hier kurz vorgestellt.

Dieser Technik liegt die Beobachtung zugrunde, dass sich das zusammengetragene Diplomarbeitsmaterial in verschiedene Kategorien aufgliedern lässt. Für jede solche Kategorie legt man eine Kartei an, d.h. eine Sammlung von Karten, die nach spezifischen Kriterien geordnet sind. Karten als Informationsträger sind leicht zu handhaben. Man kann sie ohne Mühe laufend neu einordnen.

Der Forscher beginnt mit der Kennzeichnung der verschiedenen Karteien, die er anlegen will. Für jede Kartei bestimmt er die Kriterien, nach denen er die Karten einordnen will.

- Es gibt verschiedene Kartenformate. Ich empfehle Ihnen, für alle Karteien das gleiche Format zu wählen, am besten das Format A6. Das Umstellen der Karten wird dadurch erleichtert.

- Sie können je nach der Art Ihrer Arbeit die verschiedensten Karteien anlegen. Ich beschreibe kurz die gebräuchlichsten Typen.

- Die *bibliografische Kartei* enthält alle Literaturhinweise, die Sie gesammelt haben. Es ist wichtig, dass alle Angaben vollständig und genau sind. Sie können diese Kartei alphabetisch nach den Autoren oder nach der Sache (Stichworte) ordnen. (Innerhalb einer Sachkartei können die Karten zu ein und demselben Stichwort auch alphabetisch nach Autoren geordnet werden.) Eine *bibliografische Kartei* enthält zudem oft weitere Hinweise zur Publikation, z.B. über ihre Bedeutung, die besonders wichtigen Abschnitte, die Zugänglichkeit usw. (Siehe die folgenden Muster.)

- Die *Lesekartei* besteht aus den Notizen, die Sie sich bei der Lektüre der Publikationen und Dokumente gemacht haben. Auf der Kartei wird klar und genau festgehalten:

    - exakte Angaben über das Dokument
    - der zu zitierende Text mit Seitenangabe
    - Ihr allfälliger persönlicher Kommentar dazu.

    Die Lesekarten können zuerst in alphabetischer Reihenfolge der Autoren und später nach Stichworten geordnet werden.

- Die *Arbeitskartei* enthält Karten, die Ihrem Arbeitsprogramm entsprechen und solche, auf denen bestimmte Vorgehensschritte notiert sind, ebenso z.B. Adressen, die Sie brauchen werden. Diese Kartei kann später das Gerüst für das Zusammenlegen der verschiedenen Karten abgeben.

- Die Integration der verschiedenen Karteien wird durch eine Anzahl aufeinanderfolgender Arbeitsgänge zuwege gebracht. Die Karteien werden dabei gemäss einem Konzept, das dem Redaktionskonzept verwandt ist, zusammengefügt. Schliesslich besitzen Sie eine einzige grosse Kartei, mit der Sie sich an die Redaktion Ihrer Arbeit machen können, ohne Ihre ganze Dokumentation durchsuchen zu müssen.

Sie haben es sicher schon festgestellt: Die Grundsätze der «Methode Kartei» und der «Methode Ordner» sind sozusagen identisch.

Lesekarte (mit Kommentar)[1]

```
Antonin WAGNER                    Karte Nr. __89__
WOHLFAHRTSSTAAT SCHWEIZ           Referenz  Kap. 13.6
Paul Haupt Verlag, Bern, 1985
```

"Unsere Untersuchung hat ergeben, dass weite Teile des sozialen Bereichs wegen Marktversagens für eine Privatisierung denkbar ungeeignet sind, während andererseits bei öffentlicher Versorgung keine Effizienzeinbusse in Form von höheren Kosten zu verzeichnen ist." (S. 241)

Siehe dazu die Thesen im Artikel von Rudolf Steiner: Sozialpolitische Rahmenbedingungen von freiwilliger sozialer Tätigkeit und Selbsthilfe im Zeichen der Trendwende. (Nr. 45)

Arbeitskarte[1]

```
BETRIFFT: Vollzug                 Karte Nr. __112__
          (Sozialhilfegesetz)
```

Kontakt aufnehmen mit der Informationsstelle für das Zürcher Sozialwesen (Frau Monika Stocker), Gasometerstr. 9, 8005 Zürich, Tel. 221 26 02.

---

1 Karten hier auf Format A7 verkleinert

Bibliographische Karte[2]

```
THEMA : Soziale Probleme      Karte Nr. 87
AUTORIN: Silvia Staub-Bernasconi

    Soziale Probleme - Dimensionen ihrer
                 Artikulation


    Verlag Rüegger, Diessenhofen, 1983 (276 Seiten)
```

Lesekarte (einfache)[2]

```
Antonin WAGNER              Karte Nr. 55
WOHLFAHRTSSTAAT SCHWEIZ
Paul Haupt Verlag, Bern, 1985   Referenz   Kap. 13

„Unsere Untersuchung hat ergeben, dass
weite Teile des sozialen Bereichs wegen Marke-
tingversagens für eine Privatisierung denk-
bar ungeeignet sind, während anderer-
seits bei öffentlicher Versorgung keine Effi-
zienzeinbusse in Form von höheren Kosten
zu verzeichnen ist."
                              (S. 241)
```

2 Karten hier auf Format A7 verkleinert

8
Wieviele Seiten?

> Lieber kurz als langweilig!
> Paula Lotmar

8.1 Eine quälende Frage

Reden wir darüber, denn diese Frage stellt sich immer wieder. Die meisten Reglemente enthalten je nach Ausbildungsstätten mehr oder weniger bestimmte Angaben. Manchmal geben sie nur Richtlinien an (z.b. 50 bis 100 Seiten), manchmal wird eine Mindestseitenzahl gefordert (z.b. mindestens 40 Seiten). Es kommt auch vor, dass die Reglemente noch weniger genau sind und ein «Dokument von einigem Umfang» verlangen. Meistens drückt sich in diesen Formulierungen ein Unbehagen aus. In der Praxis setzt sich meistens die Gewohnheit durch. Die Studenten halten sich an das Erscheinungsbild der Diplomarbeiten ihrer Vorgänger. Meiner Meinung nach liegt das Problem anderswo.

8.2 Das Thema bestimmt den Umfang der Arbeit

Aus der Anforderung, dass das gewählte Studienobjekt angemessen dargestellt und analysiert werden soll, ergibt sich einleuchtend auch die Anzahl von Seiten, die es dafür braucht. Ein Beispiel. Das Thema lautet: «Die Eröffnung von Stellen für Rückerstattung und Alimentenbevorschussung in den Kantonen der deutschen Schweiz». Zur Ausarbeitung dieser Fragestellung sind sicher mehr Seiten nötig als für «Die Eröffnung von Stellen für Rückerstattung und Alimentenbevorschussung in den Kantonen Thurgau und Schaffhausen», und dies bei gleicher Art der Bearbeitung. Es hängt von der Formulierung der Fragestellung ab, wie gross der Einsatz sein muss. Von da her ist auch die Anzahl der Seiten ungefähr abzuschätzen. Sobald Sie die Disposition gemacht haben, sollten Sie provisorisch die Anzahl Seiten für jeden Teil Ihrer Arbeit bestimmen. Eine solche Schätzung wird sich als nützlich erweisen, auch wenn sie sehr vorläufig ist und später revidiert werden muss.

8.3 Das Füllmaterial

Es kommt relativ selten vor, dass eine Arbeit zu dünn ausfällt, häufiger ist sie zu «arm» – trotz ihres beachtlichen Umfangs. Eine Arbeit mit kleinem Umfang wird im allgemeinen gut aufgenommen, wenn der Inhalt ergiebig ist. Umgekehrt sind diejenigen Arbeiten sehr problematisch, die ihre Mittelmässigkeit hinter viel Füllmaterial verstecken. Was heisst das? Ich greife aus meinen Erinnerungen heraus: Es gibt Autoren, die den Anhang sinnlos aufblasen – wer liest ihn? Andere fügen ihrem Text Dokumente bei, die in keinem erkennbaren Zusammenhang mit dem Thema stehen. Ich habe schon mit Zitaten vollgestopfte Kapitel gelesen, Zitate, die sich gegenseitig verstärken, die aber sofort das Gefühl von «schon gelesen» geben. Sie selbst kennen sicher Texte, die mit Interview-Auszügen geschmückt sind, ohne irgendeine Analyse – sie stehen da, und niemand weiss wozu. Vielleicht anstelle von Illustrationen? Man kann auch eine Menge statistische Tabellen ohne jeglichen Aussagewert anhäufen. Die wörtlich zitierten Interviews und Tabellen lassen sich übrigens leicht verdoppeln, indem man einen eigenen Text anfügt, der mit anderen Worten nochmals wiederholt, was die Dokumente selbst schon mitteilen. Man kann schliesslich die Arbeit mit nebensächlichen Bemerkungen spicken, die nichts mit dem Thema zu tun haben, dafür viel zur Verwirrung des Lesers beitragen.

Aber Vorsicht! Auch ein längeres Dokument ist kein Füllmaterial, wenn der Reichtum seiner Aussage offenkundig ist oder wenn es ein Fund ist, für den Ihre Leser Ihnen dankbar sind.

9

Wieviel Zeit?

> Wer seine Zeit schlecht nutzt,
> beklagt sich als erster,
> sie reiche nirgends hin.
> Jean de La Bruyère

9.1 Zeit steht selten unbeschränkt zur Verfügung

Einige Ausbildungsstätten haben ein bestimmtes Zeitbudget für die Diplomarbeit festgelegt. Bei anderen gibt es darüber nur vage Angaben. Es gibt Regelungen, bei denen Arbeiten noch nach mehreren Jahren nach Studienabschluss eingereicht werden können. Zudem sind empfohlene oder vorgeschriebene Termine selten unabänderlich (Bewilligungen für eine Verlängerung treiben Blüten!).

Ich konnte oft beobachten, wie sich die Bedingungen und die Art der Ausarbeitung verändern, wenn sich die Diplomarbeit über eine sehr lange Zeitdauer erstreckt. Die Schwierigkeiten nehmen zu. Ich bin der Meinung, eine Diplomarbeit sollte innerhalb einer Zeitspanne von mindestens sechs Monaten und längstens zwei Jahren abgeschlossen werden, je nachdem, welchen Teil Ihrer Zeit Sie dafür einsetzen wollen. Ein gewisses Minimum an Zeit ist nötig, um die wichtigsten Kontakte herzustellen und um die Quellen für das Material aufzufinden und auszuwerten. Wenn sich zunehmend Verzögerungen einstellen, sollten Sie sich ein paar Fragen stellen:
– Lässt sich das Thema überhaupt bearbeiten?
– Ist meine Arbeitsweise dem Thema angemessen?

9.2 Planen – eine nötige und ständige Tätigkeit

Für die Verwendung der Diplomarbeitszeit ist Planung nötig (siehe Kap. 6). Sie beherrschen damit das Spannungsfeld zwischen den zu erfüllenden Aufgaben und dem zugestandenen Zeitbudget. Die Planung ist nie abgeschlossen, weil in jeder Phase der Arbeit Unvorhergesehenes eintritt und dadurch Umdispositionen nötig werden. Es kann vorkommen, dass man sein Arbeitsprogramm mehrmals neuen Situationen anpassen muss.

9.3 Zeit gewinnen

Mit einer gut überlegten und genau durchgeführten Arbeitsmethode können Sie Zeit gewinnen. Zeit sparen Sie auch, wenn Sie alle Aufgaben, die auf Sie zukommen, im voraus zusammenstellen und einschätzen. Oft braucht es z.B. drei Wochen, bis eine Besprechung zustande kommt. Sie können hier eine Blockierung, dort einen Engpass vermeiden, wenn Sie solche und ähnliche «Zeit-Zwischenfälle» vorher schon mit einkalkulieren. Und dann: Zeit ist nichts Homogenes! Es gibt Migränezeit, Müdigkeitszeit, Topleistungszeit usw. Deshalb sollten Sie sich klarmachen, wie schwierig und komplex die einzelnen Aufgaben sind. Sie wählen die eine oder die andere, je nach der «Art» der gerade ablaufenden Zeit. Nach einem langen und konzentrierten Denk- und Schreibvormittag z.B. ist es günstig, zu einfacheren Aufgaben überzugehen (wie Seitenzahlen anbringen, im Ordner herumstöbern usw.). Die Zeit lässt sich zwar nicht aufhalten, aber Sie können sorgfältig mit ihr umgehen.

9.4 Misserfolge, Änderungen, Überraschungen

Eine gute Planung verhindert leider weder die Gefahr zu scheitern noch Überraschungen. Das Studienobjekt ist, weil man es noch nicht kennt, meist reich an Unerwartetem (Positivem und Negativem). Beispiel: Pierre Durand schreibt eine Arbeit über die Ergotherapeutinnen in der Schweiz. Nun stösst er auf eine Diplomarbeit über die Bedingungen einer in Privatpraxis betriebenen Ergotherapie. Diese Arbeitsform ist bedeutungsvoller, als er voraussehen konnte: eine positive Überraschung, aber sie kostet Zeit. Durand muss zwei ganze Arbeitstage finden, um die Diplomarbeit zu lesen, und zudem erweisen sich zwei zusätzliche Besprechungen als unerlässlich. Ein anderes Beispiel: François Favre will eine vergleichende Studie über zwei verschiedene Ansätze in der Arbeit mit Drogenabhängigen ausarbeiten. Eine Institution verspricht ihm ihre Mitwirkung. Als jedoch die Zielsetzungen der Studie präzisiert werden, zieht sie ihr Zusammenarbeitsangebot zurück. Der Autor muss neue, unvorhergesehene und zeitraubende Schritte unternehmen.

9.5 Der unvermeidliche Schlussstress

Ihre Arbeit nähert sich dem Abschluss. Seit ihrem Beginn hat sich vieles ereignet. Sie haben eine eindrückliche Menge von Informationen zusammengetragen und verarbeitet und grössere und kleinere Probleme erfolgreich bewältigt. Jetzt geht es an die Niederschrift.

In dieser intensiven Schlussphase wird die Diplomarbeit fast unweigerlich zum Moloch, der Ihren ganzen Alltag verschlingt. Nur selten gelingt es, diesem Zustand zu entrinnen. Und im Grunde hat so etwas ja auch seinen Reiz!

9.6 Handeln ist besser, als über die Zeit zu jammern, die vergeht

Kommentar überflüssig!

10

Fremdsprachen

Good bye!

Nur zwei Worte:
Von Ihrer persönlichen Biographie und Ihrer Vorbildung hängt es ab, was Sie an Sprachkenntnissen in Ihrem Gepäck mitführen. Die Beherrschung von Sprachen erschliesst die entsprechenden kulturellen Räume. Es kann vom Grad Ihrer Fremdsprachenkenntnisse abhängen, ob Sie eine bestimmte Diplomarbeit wählen können oder ob Sie darauf verzichten müssen. Dazu einige Beispiele.

● Die massgebliche Literatur kann zur Hauptsache in einer Fremdsprache geschrieben sein.

● Die Population, die Sie untersuchen wollen, spricht eine andere Sprache als Sie (z.B. bei Arbeiten über Immigranten, Flüchtlinge).

● Die geografische Region, auf die sich Ihr Thema bezieht, ist zweisprachig (was in der Schweiz oft vorkommt).

Solche und ähnliche Probleme muss man im voraus in seine Überlegungen miteinbeziehen. Beurteilen Sie die Situation sehr genau und stellen Sie ehrlich fest, ob Ihre Sprachkenntnisse ausreichen.

Übrigens: Schulkenntnisse lassen sich immer auffrischen.

11

Einzelarbeit oder Gruppenarbeit?

> Auf einem Steilweg, sandig, schlecht instand,
> bei wüstem Sommersonnenbrand
> sechs starke Pferde eine Kutsche ziehn.
> Jean de La Fontaine

11.1 Vorteile und Schwierigkeiten einer Gruppenarbeit

Einigkeit macht stark? Nur unter bestimmten Bedingungen...

Die Diplomarbeit wurde lange Zeit als eine individuelle Leistung betrachtet. Der Student sollte eine selbstverantwortliche, eigenständige Arbeit erbringen, in der er sämtliche Etappen einer Forschungsstudie zu durchlaufen hat. Verschiedene Umstände, auf die ich nicht näher eintreten will, haben diese Auffassung in Frage gestellt. Heute sieht man es zum Teil anders. Gewisse Schulen fordern auch heute noch eine Einzelarbeit. Andere bevorzugen zwar Einzelarbeiten, nehmen aber auch Gruppenarbeiten an. Wieder andere Ausbildungsstätten fördern in erster Linie Gruppenarbeiten. Über diese Fragen gab es schon viele Diskussionen, und Berge von Papier sind damit beschrieben worden. Mir scheint, beide Typen von Diplomarbeiten haben ihre Vor- und Nachteile. Es geht darum, seine Wahl mit möglichst klarem Blick zu treffen. Ich will versuchen, alle Seiten des Problems zu beleuchten.

Am Schluss dieses Kapitels habe ich in Tabellenform versucht, in einem Denkmodell die Unterschiede der beiden Typen von Arbeiten darzustellen. Es ist ein Schema und hat deshalb seine Grenzen. Wir alle kennen die Komplexität von Gruppenaktivitäten. Wir wissen auch, dass gruppendynamische Kurse und Seminare heute blühen und einen einträglichen Markt bilden.

Keine Arbeitsgruppe wird von Unvorhergesehenem verschont. Ich kenne Gruppendiplomarbeiten, die mit glücklichen Eheschliessungen endeten, andere, die böse Dauerfeindschaften hervorbrachten.

Lassen wir es dabei bewenden!

11.2 Die Arbeitsteilung planen

Es ist einleuchtend: Die Arbeit in einer Gruppe funktioniert nicht, ohne dass die Verteilung der Arbeit organisiert wird. Folgendes muss festgelegt werden:

● Zusammenstellen aller Aufgaben, die gemeinsam gelöst werden.

● Zusammenstellen der Aufgaben, die an einzelne Gruppenmitglieder delegiert werden.

● Erarbeiten von Regeln, wie und wann die Einzelarbeiten der Gruppe vorgelegt werden müssen.

● Erarbeiten von Regeln für die Kontrolle des Fortganges der Arbeit.

● Bestimmen der Kommunikationswege, um jedem Gruppenmitglied zu jedem Zeitpunkt den Überblick über die ganze Arbeit zu gewährleisten.

Diese Organisation muss immer vor dem eigentlichen Beginn der Diplomarbeit festgelegt werden, ist jedesmal zu überprüfen, wenn bedeutsame Veränderungen eintreten.

11.3 Bedingungen, um das Ganze im Griff zu behalten

Damit eine Arbeitsgruppe funktioniert und eine Gruppenarbeit entstehen kann, ist als Idealzustand anzustreben:

Jedes Gruppenmitglied muss die *ganze* Diplomarbeit im Griff haben, und zwar sowohl in der Realisierungs- als auch in der Schlussphase. An die «Kernstükke», die Hauptetappen, müssen alle aktiv ihren Beitrag leisten. Nur so kann die Gruppe als Ganzes die Resultate beurteilen und die Folgerungen daraus ziehen. Diese Art von Zusammenarbeit ergibt sich nicht von selbst. Es sind einige Vorkehren zu treffen:

- Das Umschreiben des Projekts und alle Arbeitspläne sind eine gemeinsame Gruppenaufgabe.
- Jedes Gruppenmitglied muss jederzeit zu allem, was realisiert wurde, Zugang haben. (Die Ordnertechnik erfüllt diese Bedingung besonders gut.)
- Das Redaktionskonzept muss besonders eindeutig und detailliert festgehalten werden.
- Sämtliche Kapitel müssen gemeinsam diskutiert werden.

11.4 Die materiellen Voraussetzungen der Zusammenarbeit

Die Voraussetzungen für eine erfolgreiche Gruppenarbeit sind umso besser zu verwirklichen, je klarer einige materielle Bedingungen berücksichtigt werden. Die Arbeitsgruppe wird Gutes leisten, wenn sie auf die folgenden Punkte achtet:

- Planen Sie regelmässige Sitzungen;
- vermeiden Sie allzu lange Zeitabstände zwischen den Sitzungen;
- bewahren Sie die Dokumentation, das Material an einem Ort auf, der für alle leicht zugänglich ist;
- achten Sie darauf, Ihre Arbeitspapiere in einer Form zu präsentieren, die alle lesen können;
- rechnen Sie ausdrücklich damit, dass jedem einzelnen Gruppenmitglied ganz verschiedene materielle Ressourcen zur Verfügung stehen;
- beachten Sie die besonderen Fähigkeiten und den Arbeitsrhythmus jedes Gruppenmitgliedes.

11.5 Man kann einander kein X für ein U vormachen

Die Diplomarbeit ist ein unerbittlicher Test für jede Gruppe. Gegenseitige Sympathie ist wichtig, aber sie genügt nicht. Es hilft nichts, schöne Worte zu machen und Meinungsverschiedenheiten, Zwistigkeiten oder Schwierigkeiten von einzelnen unter den Teppich zu kehren. Früher oder später kommt alles wieder zum Vorschein, stärker als zuvor. Der Erfolg der Arbeit kann dadurch gefährdet werden. Die Anwendung des Tests aus Kap. 4 ist für eine Gruppenarbeit ganz besonders wichtig. Ohne eine ehrliche Offenheit geht es nicht. Sie ist nötig, um Meinungsverschiedenheiten zu erkennen, um die besonderen Fähigkeiten jedes einzelnen anzuerkennen und um die unvermeidlichen Kompromisse auf gute Art herbeizuführen.

Einzelarbeit – Gruppenarbeit
Vorteile und Nachteile

Bereiche	Einzelarbeit	Gruppenarbeit
Umfang	begrenzt durch die Möglichkeiten einer einzigen Person	kann umfangreicher sein
Zugang zu den Informationen	begrenzt durch die Möglichkeiten einer einzigen Person	vielfältige Zugänge sind möglich
Wahl von Theorie und Methode	ausschlaggebend ist die Vorliebe des Forschers	es muss ein Konsens gefunden werden
Umgang mit der Information	der Forscher ist Herr über sein ganzes Material	die Kommunikation muss geplant und entsprechend durchgeführt werden

Verantwortlichkeit	der Forscher entscheidet autonom	Entscheidungen müssen laufend ausgehandelt werden
Widerstandsfähigkeit bei Hindernissen	ein grösseres Hindernis kann das Projekt gefährden	die Gruppe kann ein Hindernis eher auffangen
Überblick/ Gesamtschau über das Forschungsfeld	der Forscher beherrscht sein Feld	die Gesamtschau muss als dauernde Aufgabe organisiert werden
Redaktion	dauert länger, ist einheitlicher	dauert kürzer, die Vereinheitlichung ist eine besondere Aufgabe

12

Der Diplomarbeitsberater

> Alle wollen lehren,
> wie man recht tut –
> und niemand will es lernen.
> Jean-Jacques Rousseau

12.1 Äussere Gegebenheiten

Die Diplomarbeit ist ein Gesellenstück. Es ist deshalb angebracht, wenn Ihnen eine kompetente und erfahrene Person dabei hilft. Die meisten Ausbildungsinstitutionen sehen eine solche Hilfe vor und stellen Diplomarbeitsberater zur Verfügung. Für diese Beratung gibt es in der Praxis verschiedene Formen:

● In bestimmten Fällen ist der Berater identisch mit dem Dozenten des Fachbereiches, dem das Diplomarbeitsthema zugeordnet werden kann. Der gleiche Dozent beurteilt auch die Arbeit.

● In anderen Situationen hat der Student einen sehr grossen Spielraum für die Wahl seines Beraters. Dieser ist aber nur eines von mehreren Mitgliedern eines Beurteilungsgremiums.

● Zwischen diesen beiden Polen gibt es mancherlei Zwischenformen.

Einige Ausbildungsstätten räumen den Beratern nur eine sehr beschränkte Zeit für die Beratung ein, andere sind darin grosszügiger. Dazu kommen noch die unterschiedlichen individuellen Merkmale der Berater. Die Wahl eines Beraters ist auf jeden Fall ein wichtiger Akt; ein beachtlicher Teil des Beratungserfolges kann davon abhängen. Im Falle eines Scheiterns ist es fast immer der Student, der den Scherbenhaufen zusammenfegen muss.

12.2 Was kann man von einem Berater erwarten?

Sie erwarten selbstverständlich von Ihrem Diplomarbeitsberater, dass er Ihnen kompetent, wohlwollend, geduldig und erfolgreich hilft, und das in einer offenen und herzlichen Beziehung. Solche Erwartungen näher zu umschreiben fällt mir nicht leicht. Stattdessen habe ich eine Liste mit Aktivitäten und Leistungen zusammengestellt, die ein Berater Ihnen anbieten kann.

● Der Berater kann Ihnen für die Wahl Ihres Studiengegenstandes Informationen liefern und Ihnen bei der Klärung des Themas helfen. Er kann Sie auf eine besonders interessante Fragestellung hinweisen.

● Er kann mitwirken beim Test, mit dem Sie Ihr Thema überprüfen (siehe Kap. 4).

● Er kann bei der Formulierung der Fragestellung mithelfen und Angaben über wichtige Literatur machen.

● Er kann Sie mit wichtigen Auskunftspersonen im Bereich Ihrer Arbeit in Verbindung bringen.

● Er kann Ihnen theoretische und methodische Hinweise geben.

● Er kann Ihnen durch persönliche Kontakte oder Empfehlungsschreiben den Zugang zu Materialquellen oder Institutionen öffnen.

- Er kann Ihnen zielgerichtete Ratschläge geben, wie Sie Ihre Fragestellung weiterentwickeln können.

- Er kann Sie bei der «praktischen» Seite der Diplomarbeit beraten. Sie haben es inzwischen schon gemerkt, dass dieses kleine Büchlein dafür nicht genügt. Meine allgemeinen Ausführungen müssen verfeinert und der Besonderheit Ihrer Arbeit angepasst werden.

- Er kann mit Ihnen zusammen eine Zwischenbilanz aufstellen und Sie bei der Planung der einzelnen Etappen beraten.

- Er kann Ihre ersten Entwürfe von Teilen der Arbeit kritisch lesen und dabei besonders auf die Einheitlichkeit achten.

- Er kann Ihnen bei der Überwindung von unerwarteten Hindernissen helfen oder beurteilen, welche schwerwiegenden Umstellungen wegen neuer Ergebnisse nötig werden könnten.

- Er kann das Manuskript durchlesen und überprüfen.

- Er kann Ratschläge geben für die Verbreitung der Diplomarbeit.

Sie haben bemerkt, dass ich schon oft «er kann» geschrieben habe, vielleicht wäre «er muss» besser. Für diese Vielfalt von Berateraktivitäten braucht es viel Bereitschaft und Zeit. Oft sind die Berater bei aller Kompetenz und Gutwilligkeit nicht in diesem Masse verfügbar. Es ist deshalb wichtig, im voraus die Zusammenarbeit zu planen und die äusseren Bedingungen zu klären.

12.3 Formen der Zusammenarbeit

Einige kurze Bemerkungen aus meiner Erfahrung: Die Zusammenarbeit mit dem Berater bezieht sich sowohl auf den Inhalt (auf das Thema, das Problem) als auch auf die Art und Weise des Vorgehens (Methode, Techniken). Beide Dimensionen sind notwendig. Vorsicht vor zu vielen guten Ratschlägen und vorschnellen Ermutigungen. Sie wollen sich ja nicht einfach mit einem Problem beschäftigen, nein, Sie schreiben eine Diplomarbeit, und das ist etwas anderes.

Ich habe früher von Ihrer Motivation für die Wahl eines bestimmten Studienobjektes gesprochen. Die Motivation des Beraters ist ebenso wichtig.

Weil Gerüchte darüber umgehen, will ich kurz von den Beratern reden, «die ihre Studenten ausnützen» oder sie für ihre eigenen Arbeiten und Forschungen ausbeuten. Es gibt solche bedauerliche Vorkommnisse, auch wenn sie sicher nicht allzu zahlreich sind. Man darf diese Fälle nicht verwechseln mit den vielen interessanten und qualifizierten Arbeiten, die durch eine geglückte Zusammenarbeit entstanden sind. In den Sozialwissenschaften sind die Forschungsfelder so gross und das dazwischenliegende Brachland so weit, dass es Platz gibt für die verschiedensten und stimulierendsten Formen der Zusammenarbeit – auch zwischen Beratern und Studenten. Sorgen Sie immer dafür, dass Sie frei und selbstverantwortlich bleiben und die Verfügung über Ihre Arbeit behalten! Wenn Ihnen diese Problematik begegnet, reden Sie offen darüber, es gibt hier kein Tabu.

12.4 Ein formeller Vertrag ist nützlich

Begnügen Sie sich nicht mit vagen Versprechungen Ihres Beraters. Eine Art Vertrag sollte die beiden Partner formell verpflichten, auch wenn natürlich bei jeder Form von Zusammenarbeit Ungewissheiten bleiben. Ein solcher Vertrag könnte alle im Abschnitt 14.2 enthaltenen Kriterien umfassen. Mindestens sollten folgende Punkte ausdrücklich geregelt werden: das Zeitbudget, die Frequenz der Besprechungen, die Bereiche, auf welche sich die Beratung erstreckt und die Aufgaben, für die sich der Beizug anderer Ressourcen aufdrängt.

Eine Beobachtung: Es sind schon sehr dauerhafte Freundschaften aus dieser Zusammenarbeit heraus entstanden.

13

Bücher – wozu ?

> Man soll nicht alles ignorieren,
> was in den Büchern steht.
> René Descartes

13.1 Bücher erhellen den aktuellen Stand der Forschung

Die Basis von Büchern sind meistens – Bücher. Das gilt auch für Diplomarbeiten. Ich sagte es schon (siehe Kap. 3): Man ist selten der erste, der sich diese Frage stellt. Im Gegenteil, meistens ist der gewählte Forschungsbereich schon eingegrenzt durch verwandte und angrenzende Arbeiten, oder die gewählte Fragestellung ist so grundlegend, dass schon ganze Bibliotheken darüber geschrieben worden sind. Angesichts dieser Tatsachen müssen Sie, bevor Sie sich an die Diplomarbeit machen, den aktuellen Stand der Forschung feststellen. Was ist damit gemeint? In zwei Richtungen müssen Sie sich vortasten. Sie sollten möglichst viele der bestehenden Arbeiten kennenlernen, die sich in irgendeiner Weise mit Ihrem speziellen Forschungsgegenstand befasst haben. Gleichzeitig gilt es, diejenigen Publikationen zu finden, die Grundfragen der gewählten Problematik behandeln und die Ihnen als Bezugsrahmen für Ihr Thema dienen. Als Beispiel: Man kann in einer Studie den Beruf der Ergotherapeutin analysieren und so unter Umständen zu dessen Weiterentwicklung beitragen. Eine solche Arbeit lässt sich nicht schreiben ohne Material über die Gesundheitspolitik, über die Entwicklung der Berufe im Sozial- und Gesundheitswesen allgemein, über die Kompetenzen öffentlicher Instanzen usw. Durch das Stöbern in Büchern und Dokumenten lässt sich der aktuelle Stand der Forschung erkennen.

Wozu sind Bücher sonst noch gut?

13.2 Bücher vermitteln theoretische und methodische Arbeitsmittel

Ein Beispiel: Es gehört heute zum guten Ton, für das Studium von sozialen Problemen die Systemtheorie zu wählen. Mit ihr lassen sich die verschiedensten Probleme analysieren, von der Einelternfamilie bis hin zu Szenarien über das Alter. Bücher vermitteln Ihnen die Anwendung dieser Theorie. Aus Büchern lernen Sie den Einsatz von Fragebogen, deren Auswertung, die Ausarbeitung von Tabellen, kurz, die Methoden empirischer Forschung. Nicht nützlich, sondern unentbehrlich ist für Sie die Lektüre von Arbeiten, die mit der gleichen Forschungsmethode gemacht wurden, die Sie anwenden wollen. Sie lernen dabei die Schwierigkeiten kennen, mit denen sich die Autoren auseinanderzusetzen hatten und die vielleicht auch auf Sie warten.

13.3 Bücher sind Fundgruben für Studien aus benachbarten Gebieten

Oft ist der Beweggrund für ein Diplomarbeitsthema der Wunsch, etwas Neues zu bearbeiten, etwas Originelles zu schaffen. Häufig finden wir diese Motivation bei Leuten, die schon in einer beruflichen Arbeit stehen oder bei sozialpolitisch Engagierten. Da kann es vorkommen, dass sich keine Studien oder Artikel finden lassen, die genau die Fragestellung behandeln. Aber sicher gibt es «benachbarte» Arbeiten. Als wir uns mit dem Beruf der Ergotherapeutinnen[1] befassten, haben wir eine Arbeit über Laborantinnen, eine andere über Notare gefunden usw. Durch Bücher haben wir Arbeiten und Autoren entdeckt, die sich nicht genau gleichen, aber verwandte Fragen stellen wie wir.

13.4 Bücher liefern Material für die verschiedenen Dimensionen der Diplomarbeit

Wir wissen jetzt, dass der Gegenstand einer Diplomarbeit uns zu zentraler und klarer Fragestellung zwingt. Darum herum gibt es aber überdies eine ganze Gruppe von damit zusammenhängenden oder angrenzenden Problemstellungen, die etwas zur Beantwortung Ihrer Frage beitragen können. Sie verfügen nur über beschränkte Zeit, um dieses Umfeld gründlich auszuloten. In Büchern und Artikeln finden Sie dieses Material gesammelt und oft schon verarbeitet vor. Sie brauchen es, um den Bezugsrahmen abstecken zu können, innerhalb welchem sich Ihre Diplomarbeit bewegt. Nutzen Sie das Vermögen, das andere Ihnen hinterlassen haben!

13.5 Bücher sind Modelle

Die Suche nach Vorbildern ist besonders hilfreich, wenn die Diplomarbeit Ihre erste grössere Arbeit dieser Art ist. Als Muster eignet sich z.B. ein Buch, das einen ähnlichen Aufbau hat wie der, den Sie für Ihre Arbeit geplant haben oder eine gut strukturierte, einwandfreie Diplomarbeit. Dabei geht es natürlich nicht einfach um eine Nachahmung. Übernehmen Sie aus verschiedenen Modellen jene Teile, die Sie gut und für Ihre Arbeit brauchbar finden! Ich habe immer wieder erlebt, wie hilfreich es ist, solche Lehrbeispiele aufmerksam durchzulesen. Lassen Sie sich von Ihrem Berater oder von Freunden helfen, gute Vorbilder zu finden!

Selbstverständlich sind Bücher noch für vieles andere gut.

---

1 M. Dubochet/J.-P. Fragnière, Les Ergothérapeutes, Delta, Vevey 1979

14

Die Suche nach Literatur

> Mit den Büchern ist es wie mit dem Feuer in unserem Herd: man holt das Feuer beim Nachbarn, man entfacht es bei sich, man gibt es andern weiter, und es gehört allen.
>
> Voltaire

14.1 Worum geht es?

Bücher leisten zahlreiche Dienste, aber man muss sie finden, und erst noch die richtigen. Jeden Tag erscheinen unzählige Bücher und Artikel in allen Sprachen. Alle diese Publikationen sind selten am gleichen Ort beisammen, besonders wenn es sich um Texte eines Spezialgebietes handelt. Zuerst einmal geht es darum, die für Ihre Arbeit wichtigen Texte zu finden und die nötigen Informationen darüber zu sammeln, wie man sie sich beschaffen kann.

14.2 Die Suche nach Literatur richtet sich nach der spezifischen Art der Fragestellung

Die ersten Schritte bei Ihrer Literatursuche zeigen Ihnen, dass es eine ganze Menge Geschriebenes zu Ihrem Thema gibt. Die Definition Ihres Studienobjektes liefert Ihnen die *Kriterien für die Auswahl.* Aber Vorsicht, nicht zu streng sein, lassen Sie sich auch durch unerwartete und ungewöhnliche Dokumente anregen! Versuchen Sie, systematisch vorzugehen ohne Ihre schöpferische Neugierde zu zügeln!

14.3 Die Literatursuche ist abhängig von den vorhandenen Ressourcen

Literatur suchen heisst Zeit investieren, heisst reisen, korrespondieren, kaufen. An all das muss man denken: Das sind Ihre materiellen Mittel. Dazu kommen Ihre Sprachkenntnisse. Schliesslich stehen Ihnen Bibliotheken und Dokumentationszentren zur Verfügung. Ich rate Ihnen, ein kurzes Inventar all dieser Elemente aufzustellen, bevor Sie mit der Literatursuche beginnen.

14.4 Literaturbeschaffung in Stufen

Sie werden für Ihre Diplomarbeit wohl kaum eine lückenlose Literaturliste zusammenstellen wollen (wenn dies überhaupt je einen Sinn hat). Im allgemeinen sollten Sie sich einige Arbeiten und Artikel notieren, welche die Grunddimensionen Ihres Themas zum Inhalt haben (siehe Kap. 15). Dazu halten Sie alle Arbeiten fest, die sich mit Ihrem Studienobjekt im besonderen befassen.

Am Anfang der Literatursuche stehen sehr mangelhafte Kenntnisse über die Problemstellung. Ihr Ziel ist es, gutes und ausgiebiges Material beisammen zu haben, damit die Diplomarbeit realisiert werden kann. Es führen mehrere Stufen zu diesem Ziel. Die Gesamtheit aller Stufen nenne ich «Literaturbeschaffungs-Kaskade».

Dass verschiedene Szenarios möglich sind, ist klar. Ich beschreibe eines davon als Beispiel.

Eine wichtige Präzisierung

Um Literatur zu suchen, müssen Sie mit dem gewählten Thema schon ein bisschen vertraut sein. Andernfalls ertrinken Sie rasch in einem Meer von Angaben, die Ihnen «nichts sagen». Wenn Sie ein (für Sie) ganz neues Thema gewählt haben, konzentrieren Sie sich vorerst auf die Lektüre von ein bis zwei Büchern, die Ihnen Ihr Studienfeld besser erhellen. Lassen Sie sich dabei beraten. Die eigentliche Suche nach Literatur kommt nachher.

Und dann:

● *Die Hauptfragen:* Mit der Definition Ihres Forschungsgegenstandes (siehe Kap. 2) listen Sie kurz alle Hauptfragen auf, die Sie in der Diplomarbeit bearbeiten wollen.[1]

● *Auskunftspersonen:* Nehmen Sie im Rahmen Ihrer Möglichkeiten Verbindung auf mit Personen – einer oder zwei –, die Ihres Wissens für Ihren Themenbereich kompetent sind. Legen Sie ihnen Ihr Projekt und die Liste Ihrer Hauptfragen vor und bitten Sie um Literaturangaben.

● *Erste Lektüre:* Sie tragen einen Teil der angegebenen Dokumente zusammen (Bücher, Artikel, Dossiers usw.), zuerst die leicht zugänglichen und die Ihnen als wichtig empfohlenen. Das ergibt rasch einen «Haufen», in dem Sie spontan und – warum auch nicht – ganz unsystematisch erst einmal herumblättern. Dann lesen Sie die Anmerkungen und Literaturangaben dieser Texte. Ohne Zweifel finden Sie wieder eine grosse Zahl von Angaben, aber diesmal kommen sie Ihnen schon weniger abstrakt vor. Es gelingt Ihnen nun, Arbeiten und Autoren einzuordnen und ihre Bedeutung für die Diplomarbeit zu beurteilen. Am Ende dieses Schrittes besitzen Sie ein ganzes Bündel von Literaturangaben und darüberhinaus eine Reihe von Forschungsfährten.

● *Bibliotheken.* Wahrscheinlich haben Sie schon die Dienste einer Bibliothek benützt, als Sie mit Hilfe Ihrer Auskunftspersonen Ihren ersten «Haufen» zusammengetragen haben. Sie besassen dabei genaue Angaben über die Publikation und beschränkten sich darauf, sie auszuleihen. Bibliotheken haben Ihnen mehr als das anzubieten.

● Im Autorenkatalog finden Sie die Arbeiten eines bestimmten Forschers, von dem Sie wissen, dass er über Ihr Thema gearbeitet hat.

● Im Sachkatalog können Sie Arbeiten und Zeitschriften, die sich mit den diversen Grundfragen Ihrer Studie befassen, aufspüren.

---

[1] Man könnte auch sagen: Mit der Diplomarbeit versucht der Verfasser, eine Anzahl Fragen zu beantworten, die er zu seinem Thema formuliert hat. Es ist deshalb sehr nützlich, in der Disposition anstelle von Stichworten vorerst Fragesätze auszuarbeiten. Während der Schlussredaktion gewinnt man daraus die Titel für Kapitel und Abschnitte (die Übersetzerin).

- In den Bibliotheken gibt es eine Menge thematische Zusammenstellungen und Bibliographien über die verschiedensten Bereiche (Beispiel: «Pro Senectute/ Altersfragen», «Statistik und Wirtschaftspolitik»). Fragen Sie danach!
- Einzelne grosse Bibliotheken beginnen nun auch die Informatik zu benutzen. Sie sind untereinander verbunden und können über den Computer rasch thematische Literaturlisten herstellen. Manchmal sind sie auch an grosse Datenbanken angeschlossen. Die Entwicklung auf diesem Gebiet ist bedeutungsvoll und geht rasant vor sich. Erkundigen Sie sich bei den Auskunftspersonen der Bibliotheken nach den speziellen Dienstleistungsangeboten Ihres Institutes und nach deren Zugänglichkeit (so ist z.B. das Abfragen von computergespeicherten Bibliographien oder von Datenbanken mit Kosten verbunden!).

Schon heute ist es weniger ein Problem, lange Listen von Arbeiten zu erhalten, als vielmehr daraus die richtige Auswahl für die Diplomarbeit vorzunehmen. Ohne Arbeit geht das alles nicht, Sie müssen suchen, einen «Riecher» haben und auf Ratschläge hören. Parallel zu den Bibliotheken gibt es – oft kaum bekannte – Dokumentationszentren mit umfangreichem Material zu einem bestimmten Themenkreis. (Beispiel: Für Bildungspolitik und – soziologie die Schweiz. Koordinationsstelle für Bildungsforschung in Aarau; für Probleme der Sozialversicherung die Internationale Vereinigung für Soziale Sicherheit beim Bit in Genf). Die Bibliotheken geben Listen solcher Dokumentationszentren ab. Benützen Sie sie!

- *Bibliothekarinnen.* Sie sind nicht «Büchereinordnerinnen». Ihre Arbeit bringt sie in Kontakt mit einer Menge von Publikationen, ihre Kenntnisse sind sehr umfangreich. Viele Studenten sprechen sie als Expertinnen für ihren besonderen Themenbereich an, weil sie hoffen, dass sie für sie die Bibliographie zusammenstellen. Damit verlangen sie jedoch von den Bibliothekarinnen Unmögliches. Gerne helfen sie ihnen stattdessen, den Weg durch das Labyrinth zu finden, das die Zugänge zu Ihren Dokumenten umgibt.

- *Der Leseplan.* Am Ende all dieser Entdeckungsfahrten schalten Sie mit Vorteil eine Pause ein und stellen einen Plan für Ihre Lektüre auf. Bezeichnen Sie die Texte, die Sie lesen müssen und für welche die vorgesehene Zeit ausreicht! Wie Sie wissen, versteckt sich hinter jedem Buch ein weiteres; die Lektüre eines Buches kann die Lektüre von kritischen Beurteilungen über die Arbeiten dieses Verfassers nach sich ziehen. Am besten sind Sie neugierig und beweglich zugleich – jeder Leseplan kann sich verändern. Notwendig ist er immer, wenn Sie erfolgreich arbeiten wollen.

Praktische Hinweise. Die Suche nach Literatur braucht ganz konkrete Stützen, z.B.: eine Kartei (siehe Kap. 7) oder Literaturblätter für den Ordner.

15

Planen

Ich war erstaunt, als ich beobachtete, wie unter Leuten mit den gleichen Fähigkeiten die einen sehr arm, die andern sehr reich waren. Es zeigte sich, dass sich das auf eine sehr natürliche Weise ergeben hatte. Wer planlos gehandelt hatte, trug die schlechten Folgen davon; wer aber seine Intelligenz dazu gebraucht hatte, um zu planen, arbeitete schneller, leichter und gewinnbringender.
Xenophon

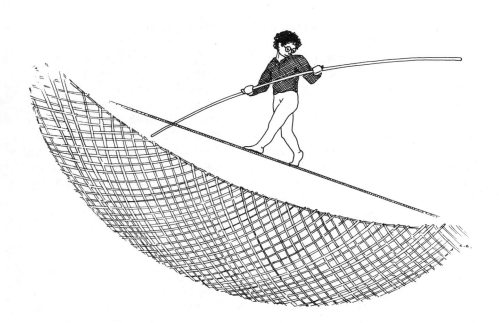

15.1 Planung und Pläne

Planung während allen Phasen der Diplomarbeit lohnt sich. So lassen sich verschiedene Arbeitsinstrumente entwickeln, um die vielfältigen Informationen zu ordnen. Pläne oder Konzepte sind solche Instrumente. Sie garantieren auch die Einheitlichkeit der Arbeit und halten die Beziehungen der einzelnen Teile untereinander fest. Ein Plan ist kein starres Gefüge, man kann ihn revidieren, verändern, umordnen. Ich unterscheide drei Sorten von Plänen (oder drei Stufen für die Planung der Diplomarbeit): die *Disposition,* das *detaillierte Arbeitsprogramm* und das *Redaktionskonzept.*

15.2 Die Disposition

Die Disposition entwerfen Sie zu Beginn der Arbeit, sobald Sie Ihren Studiengegenstand definiert haben. Sie ergibt sich direkt aus der Definition. Die Disposition konkretisiert die Hauptbereiche (Grunddimensionen) der Arbeit. Eine Disposition ist relativ kurz, sie enthält in groben Zügen Ihre ersten Vorstellungen über das Thema. Sie brauchen ein solches Planungsdokument als Grundlage für die Besprechungen mit Ihren Beratern. Die Disposition ist Ihnen auch nützlich für die Suche nach Literatur und hilft Ihnen, die Realisierungsphasen Ihrer Arbeit zu planen.

15.3 Das detaillierte Arbeitsprogramm

Nach den ersten Arbeitsetappen haben Sie Ihre Disposition mit Kommentaren versehen und weiterentwickelt. Sie konnten sie mit manchen Elementen anreichern, die Sie in der Literatur gefunden haben. Die Dimensionen der Fragestellung sehen Sie differenzierter als am Anfang. Jetzt können Sie ein detailliertes Arbeitsprogramm ausarbeiten. Sie formulieren es so ausführlich wie möglich und nun nicht in Stichworten, sondern in ganzen Sätzen. Es enthält nicht mehr nur grobe Vorstellungen wie die Disposition, sondern eine genaue Aufzählung und Beschreibung aller Aktivitäten, die Sie für jedes Kapitel und jeden Abschnitt ausführen werden. Sie legen nun dar, wie Sie zu Antworten auf Ihre Fragestellung, zu Resultaten für Ihr Forschungsvorhaben kommen wollen. Mit diesem Programm kontrollieren Sie den Fortgang Ihrer Arbeit.

15.4 Das Redaktionskonzept

Sie haben alle vorgesehenen Dokumente und alles Material beieinander, die Arbeit ist weit fortgeschritten. Die Phase der Redaktion nähert sich. Lesen Sie zuerst noch einmal aufmerksam die gesamten Unterlagen durch (sie befinden sich in den Ordnern)! Dann machen Sie sich an das Redaktionskonzept. Mit diesem bestimmen Sie die definitive Form Ihrer Arbeit. Im Redaktionskonzept halten Sie vor allem die konkret ausgeführten Forschungsschritte und die gewonnenen Resultate fest.

Zwei Merkmale des Redaktionskonzepts: Es ist *ausführlich,* es ist *detailliert.* (Es kommt dem, was Sie tatsächlich schreiben werden, so nahe wie möglich.) Ich selbst versuche diese beiden Anforderungen durch drei Techniken zu erreichen:

- ich plane jeden Abschnitt so genau als möglich, mitsamt seinem Untertitel, wie er im endgültigen Text erscheinen wird;

- ich formuliere die Titel so, dass ich genau weiss, was in den Abschnitt gehört und was nicht;

- ich lege für jedes Kapitel und auch für jeden Abschnitt die Anzahl von Seiten fest. Dann zähle ich zusammen. Man hält sein Schreibzeug ganz anders in der Hand, je nachdem man zehn Zeilen oder zehn Seiten schreiben will. Natürlich ist es nur eine sehr vorläufige Zuteilung. Man kann sie jederzeit verbessern, z.B. wenn wir etwas Neues entdecken.

15.5 Die Einheitlichkeit der Arbeit

Jeder weiss, dass Pläne nie perfekt funktionieren und dass man sich von ihnen nicht die Hände binden lassen soll. Aber immerhin: mit Planung haben Sie grössere Sicherheit, vermeiden Sie unnötige Umwege, verlieren Sie den roten Faden der Arbeit (die Einheitlichkeit) nicht aus den Augen und arbeiten Sie mit Ihren Kollegen und Beratern besser zusammen.

Das alles ist besonders wichtig für alle Diplomarbeitsverfasser, die nicht kontinuierlich an ihrer Studie arbeiten können. Gestern brachte mir ein Student ein Paket mit Blättern und sagte dazu: «Hier sind die ersten zwei Kapitel; ich habe keinen Plan gemacht, ich habe alles im Kopf.» Die Chancen dieses Herrn kann man sich ausrechnen!

16

Wer sind die Adressaten?

> Demütig fängt das Vorwort an,
> der Autor mit gebeugtem Knie
> um Gnade fleht den Leser an
> und langweilt ihn gleich wie noch nie.
> Es hilft ihm nichts, der Autor irrt,
> sein Richter ist zu irritiert.
> Nicolas Boileau

Wer hofft nicht auf einen, besser mehrere, wenn möglich viele Leser? Am Anfang sind wir meistens bescheiden, aber der Appetit nimmt berechtigterweise zu, je mehr neue Erkenntnisse wir gewonnen haben. Wir haben – mit andern Worten – fast immer ein Publikum im Kopf.

16.1 Das Zielpublikum

An wen wenden Sie sich mit Ihrer Diplomarbeit? An Ihren Berater? An das Beurteilungsgremium? An Ihre Kollegen, Ihr berufliches Umfeld? An wen noch? Diese Frage ist nicht unwichtig. Die Wahl beeinflusst die Art Ihrer Ausdrucksweise und das Konzept Ihrer Arbeit. Ich weiss, dass es zu diesem Punkt weit auseinandergehende Ansichten gibt. Trotzdem möchte ich Ihnen ein paar Hinweise für die Beantwortung der Frage geben.

● Richten Sie sich im allgemeinen an Ihre Kollegen und an Ihr gegenwärtiges oder zukünftiges berufliches Umfeld ebenso wie an die Kollegen von benachbarten Disziplinen!

● Vermeiden Sie es, Ihre Arbeit einzig auf Ihren Berater oder auf das Beurteilungsgremium auszurichten!

● Merken Sie sich, dass für ein breiteres Publikum eine Arbeit von 50 bis 200 Seiten sicher kein sehr geeignetes Kommunikationsmittel ist! Wählen Sie dafür stattdessen die Form eines Artikels oder einer Broschüre!

● Bei einer Aktionsforschung (siehe Kap.5) ist die Wahl eines angemessenen Kommunikationsmittels ganz besonders wichtig. Es ist ja gerade charakteristisch für die Aktionsforschung, dass die Resultate der Forschung für die Problembetroffenen zugänglich und verständlich sind.

In jedem Fall müssen Sie Ihren Leserkreis vor der Redaktion der Arbeit bestimmt haben.

16.2 Auswirkungen auf Form und Darstellung der Arbeit

Die Wahl des Zielpublikums hat Folgen für die Darstellung Ihrer Resultate und Ihrer Überlegungen dazu. Denken Sie nicht, Ihre Leser wüssten gleichviel oder mehr als Sie über das Thema! Das stimmt in der Regel nicht, und darum haben sie Anrecht auf eine allgemeine Einführung über den Bezugsrahmen Ihrer Arbeit und über Ihre Quellen. Wenn immer möglich ersparen Sie Ihren Lesern einen verschlüsselten Fachjargon.

Natürlich brauchen Sie nicht sämtliche vorkommenden Begriffe zu erklären. Aber die zentralen Schlüsselbegriffe für Ihre Beschreibungen und Überlegungen sind immer zu definieren. Sie haben sich mit Ihrem Stoff intensiv auseinandergesetzt, Ihr Leser nicht. Liefern Sie ihm deshalb alles, was er braucht, um Ihre Arbeit zu verstehen!

17

Schreiben

Sie steigt und fällt, kommt und geht,
höher schiesst die Fontäne, fällt zurück,
in nimmermüdem Wechselspiel.
                    Jean-Pierre Florian

Die Abenteuer des Jules Amiguet

Machen wir mal Pause. Ich möchte Ihnen einige Abenteuer von Jules Amiguet erzählen. Martial Gottraux[1] hat sie mir berichtet und kommentiert.

Dem wohltätigen Einfluss seiner Frau Seraphine ist es zu verdanken, dass Jules über umfangreiche Kenntnisse über den biologischen Landbau verfügt. Er fand es immer unerträglicher, über Land zu wandern und dabei überall auf Schäden zu stossen, die durch den Missbrauch von Pestiziden, Insektiziden und Entlaubungsmitteln entstanden waren. Er träumte nachts davon. So entstand der Wunsch, etwas darüber zu schreiben. Er hatte ja auch etwas dazu zu sagen. Er dachte ernsthaft an eine Streitschrift über «Die Henker des Chlorophylls», wie er es nannte.

Bevor er sich ans Schreiben machte, wollte Jules unbedingt zuerst den genauen Titel für sein Werk finden. Man konnte ihn manchmal vor sich hin murmelnd am Chemin du Bois de la Charpie antreffen:

«Gegen die Henker des Bodens» (nein, zu gewalttätig!).

«Prolegomena zu einer Demystifikation der Landwirtschaft mit grossem Ertrag» (nein, zu lang!).

«Gedanken zur Landwirtschaftsfrage» (nein, das erinnert mich an etwas...).

«Der Wille zu pflanzen» (nein, das erinnert mich auch...).

Die Leute wunderten sich, ihn einen so eigenartigen Sermon vor sich hinbeten zu hören. Er ging mindestens zwanzigmal den Chemin du Bois de la Charpie auf und ab, bevor ihm klar wurde, dass er keinen idealen Titel finden würde. Er begann zu zweifeln. «Das kann ja lustig werden, wenn ich keinen Titel finde!»

Und nachts, da träumte er nur von Titeln. Jules war ganz nahe daran, aufzugeben. Viele tun das. Es war Seraphine, die ihm weiterhalf.

«Schau mal, Jules, sei nicht so stur! Den Titel wirst Du später finden! Wie willst Du etwas benennen, das noch nicht einmal existiert!»

«Das stimmt eigentlich», dachte Jules, und er fühlte sich sehr erleichtert, so als ob er jetzt das Recht hätte, zu schreiben.

Die Suche nach dem Titel ist oft die Suche nach einem Zeichen, das symbolisch das Recht zu schreiben markiert; die Suche nach einer Bestätigung, die uns selbst davon überzeugt, dass wir wissen, worüber wir schreiben wollen. Das alles läuft ab, als ob ein «guter Titel» im voraus schon die Garantie wäre für alles, was geschrieben wird. Es ist auch die Suche nach Selbstvertrauen. Natürlich ist das lächerlich, aber doch sehr bezeichnend. Wer sich abmüht, einen «guten Titel» zu finden, bevor er überhaupt mit der Arbeit anfängt, glaubt, der Titel werde ihm zeigen, was er schreiben soll. So entstehen Katastrophen.

Jules sass mit der Feder in der Hand vor einem weissen Blatt. Er hatte Raum ausgespart für den Titel, den er später finden würde. Oben an der Seite hatte er «Seite 1» geschrieben, mit fetten Buchstaben. Jules wollte schreiben. Er wurde wü-

---

1 Martial Gottraux, «Ici-Pahud». Vervielfältigtes Dokument. Ecole d'Etudes Sociales et Pédagogiques, Lausanne 1979.

tend, als er an den Blödsinn dachte, den Victor Sorguet in der letzten Nummer der «Wissenschaftlichen Landwirtschaft» veröffentlicht hatte. Er sah vor sich schon die Ährenwellen von reifem Korn wogen, Korn ohne Pestizide, und er stellte sich vor, dass diese Ähren ihm für ihre Gesundheit dankten. Ja, durch sein Buch würde sich alles ändern. Jules spürte in sich die Wut kochen. Grosse Pakete von Argumenten strömten in sein Bewusstsein. Er spürte einen Pfropf in der Kehle, eine Erregung wie vor dem ersten Mal Achterbahn.

Die Zeit verging. Jules träumte vom Schreiben, statt es zu tun, und merkte es nicht einmal; er verwechselte den Wunsch, die Vorstellung schreiben zu wollen mit der realen Arbeit, die damit verbunden ist. Das Resultat war recht merkwürdig. Jules erlebte dieses Träumen als etwas sehr Angenehmes, das an und für sich schon genügte. Aber das Blatt blieb weiss. Jules schaute es an, er begann es zu hassen. Seine Leere klagte an, sie machte Jules Träumerei noch augenfälliger. Schreiben, das war es, was ihn beim Träumen vom Schreiben abhielt. Es war, wie wenn Victor Sorguet ihn durch das leere Blatt hindurch ironisch anblickte. Und Jules, gepackt von einer Wut, gemischt mit Schuldbewusstsein, zerriss das weisse Blatt und warf es in den Papierkorb. «Zu spät für heute abend...».

Er ging schlafen.

In der Nacht träumte er: Bewaffnet mit einer Lanze, bezwang er den Drachen Victor Sorguet. Sein Schild war ein Buch (ohne Titel).

Mädchen hinter ihm ermunterten ihn. Sie hatten wie Ähren geflochtenes Haar. Alles mit Hintergrundmusik, in der die Trompeten dominierten. Jules Amiguet hatte zu viele Filme à la Cécil B. de Mille gesehen.

Man darf den Wunsch zu schreiben und «das Gefühl, etwas zu sagen zu haben», nicht verwechseln mit der Arbeit des Schreibens. Nicht zu verwechseln ist die Anstrengung des Schreibens, vor allem die emotionelle Anstrengung, mit dem Akt des Schreibens. Der Wunsch zu schreiben und die Methode des schriftlichen Ausdrucks sind nicht identisch. Der Wille allein genügt nicht.

Immer kommt einmal der Zeitpunkt, wo man des Träumens überdrüssig wird. So auch für Jules Amiguet. Er setzte sich wieder an seinen Schreibtisch und beschäftigte sich ernsthaft mit seinem Projekt. Er begann zu schreiben. Alles ging gut. Nach zwei Stunden hatte er 20 Seiten beschrieben. Er war stolz. Jetzt ist es meistens Zeit, sich einen starken Kaffee oder Tee zu gönnen und vielleicht sogar ein Stück Kürbiskuchen. Dann setzt man sich wieder hin und liest durch.

Ein Regen von Enttäuschungen, eine Flut von Entmutigungen! Das Geschriebene war schlecht, sehr schlecht sogar. Es verzettelte sich nach allen Richtungen. Jules griff Sorguet an, entwickelte dann seine eigenen Ideen, kam auf Sorguet zurück, wiederholte sich. Der Stil war holperig. Wut und Verzweiflung packten Jules. Er schmiss seine zwanzig Seiten in den Korb, goss sich ein grosses Glas Schnaps ein und leerte es in einem Zug. Und wartete mit leeren Augen.

«Ich bin wirklich unbegabt, wirklich sehr unbegabt, wie machen sie es denn, die anderen?» Er sah vor sich die Gesichter von Félicien Roulleau, von Rachel Palmier und von anderen, die auf einen Schlag auf das Podest des Genies gehisst worden

waren. «Nichts zu machen... es braucht Begabung», sagte sich Jules Amiguet und tröstete sich mit dem Gedanken, dass die Natur ihm eben nicht alles mitgegeben hatte. Die Gewissheit, von Natur aus nicht begabt zu sein, versetzte ihn in eine Ruhe mit bitterem Beigeschmack. Schliesslich kann man ja nichts dafür, es ist eine Sache der Natur.

Jules wühlte nochmals im Papierkorb, las einmal mehr, was er geschrieben hatte, um sicher zu sein... «Nein, es ist schlecht, furchtbar schlecht.» Und jetzt übertrieb er wirklich gewaltig.

Ein vermutetes Unglück ist schlimmer als das wirkliche. Er ging zu Bett, und in dieser Nacht träumte er nicht. Es gibt Träume, die man nicht zu wiederholen wagt. Jules liess während einiger Tage die Idee fallen, ein Pamphlet zu schreiben.

Das Unglück von Jules ist die Folge mehrerer Methodenirrtümer. Wir stellen als erstes fest, dass er ohne Plan schrieb. Das heisst, dass er seine Darlegungen weder objektiviert noch rationell organisiert hat. Auf diese Weise gelingt es ihm nicht, einen Teil seiner Theorien, die ihm wichtig sind, zu entwickeln: Theorien, die den Zusammenhang herstellen zwischen einem Komplex von Erscheinungsformen und den Fakten, die er beleuchten will. Ein Plan ist viel mehr als ein «Trick», um den Inhalt der Abhandlung gut zu präsentieren; er ist ein theoretisches Gerüst. Mit andern Worten: Die Art der zu beschreibenden Phänomene zwingt eine bestimmte Ordnung auf.

Tatsächlich verfährt Jules nach einem Plan, auch wenn es ihm nicht bewusst ist. Er wendet eine bestimmte Methode an, vielleicht die Methode der Assoziation: Diese Sache lässt ihn an diese und jene andere Sache denken – man versteht nur nicht wirklich warum.

Zudem verwechselt Jules wahrscheinlich den «Akt des Schreibens» mit dem Zeitpunkt der «Theorieproduktion». Es ist sinnlos, schreiben zu wollen, bevor man die Theorie aufgestellt hat. Schreiben ist nicht zur Hauptsache eine kreative Tätigkeit; es ist vor allem das Produkt einer früheren Kreativität.

Wir fragen uns: Ist Jules nicht das Opfer eines sozialen Bildes vom «Schriftsteller»? Vom kreativ Gestaltenden im Sinne der Identität von Schreiben und Denken? Diese Ideologie ist sehr verbreitet und kommt in Form einer «Theorie der Begabung» daher. Einige seien zum Schreiben begabt, andere nicht. Damit werden die Qualitäten, die man einem «grossen» Romanschriftsteller zuschreibt, auf das wissenschaftliche Schreiben übertragen.

Beachten wir zudem, dass Jules, unzufrieden mit seinen Versuchen, diese in den Papierkorb wirft. Der Ärmste! Damit bringt er sich in eine Situation, in der er seine Versuche fortwährend wiederholen muss, ein Sysiphus des Schreibens sozusagen. Er hat dadurch gar keine Möglichkeit herauszufinden, was er falsch gemacht hat, weshalb sein Vorgehen unklar ist usw.... Hätte er seine Versuche analysiert, so wäre es ihm gelungen, die darin enthaltenen Fehler zu identifizieren. Allzuoft schaffen wir unsere Fehler weg, anstatt ihnen das Geheimnis zu entlocken, wie wir sie hätten vermeiden können. Im Fall von Jules allerdings wäre ein solcher Versuch nur eine billige Lösung, ein Aufschub gewesen. Es bliebe vieles trotzdem nachzuholen. Einen Text kann man nur auf der Grundlage vorangegangener Arbeit schreiben, die sich in einem genauen Redaktionskonzept niedergeschlagen hat.

Der Mensch ist – offensichtlich – eine solidere Maschine, als es den Anschein macht. Man hätte wirklich fürchten können, dass Jules sich geschlagen einer Kontemplation seines letzten Misserfolges hingebe oder in die Bioenergetik flüchten würde, kurz, dass er aussteige.

Aber niemand kann aus seiner Haut. Eines Tages bestieg Jules den Zug nach Lausanne. Wenn man schon etwas macht, dann soll man es auch recht machen: langsam, mit einem Gefühl wie beim Degustieren. «Wer schreiben will», sagte er sich, «darf nichts dem Zufall überlassen. Man schreibt nicht einfach irgendwie». Jules durchforschte die Schaufensterauslagen der Papeterien. Zuerst ein Kugelschreiber. Aber nicht irgendeiner! Wie könnte etwas Gutes aus einem Bic kommen? Und auf Papier aus dem Billigwarenhaus? Nein! Das Schreiben lieben heisst, auch das zu lieben, was es erst möglich macht: Schreibzeug und Material. Das Schreibzeug ist ja eigentlich nichts anderes als die Vorhut, die Verlängerung der Seele. Und Jules, nach längerem Zögern, wählte endlich einen Paterwaf 1512, einen Kugelschreiber mit zwei synchronisierten Füllpatronen und automatischer Niveaukontrolle. Ein Kugelschreiber? – Nein, ein wildes Tier, bereit, Victor Sorguet anzuspringen!

Jules kehrte nach Hause zurück, legte das Ding auf den Tisch, setzte sich. Die Atmosphäre zum Schreiben... Warum denn den Rücken gegen das Fenster gekehrt, gegen die Weite, die Blumen, den Geruch der Wiesen? Jules drehte den Tisch um. So konnte er die Landschaft in sich aufnehmen, die Wiesen, das Korn, die Bäume, alles, was er verteidigen wollte. Die Natur war nun bei ihm fast wie ein Publikum, das ihn ermunterte und auf sein Werk wartete. «Ich bin der Plastic Bertrand[2] des biologischen Landbaus», sagte Jules Amiguet zu sich und bereitete sich auf das Schreiben vor.

Er nahm den Kugelschreiber zur Hand – da entdeckte er die Schachtel mit Reissnägeln auf dem Tisch, offen, überquellend, herausfordernd. Das störte. Jules stopfte die Reissnägel in die Schachtel, schloss sie. Er machte sich wieder an die Arbeit. Da spürte er einen eigenartigen Druck auf dem Zwerchfell, einige Stiche am Halszäpfchen. – «Klar, ich habe Durst!» Jules ging und bediente sich mit einem grossen Glas Mont-sur-Rolle und nahm – vorsorglich – die Flasche zu sich auf den Tisch. – «Nicht schlecht, dieser Mont-sur-Rolle – vielleicht ein bisschen sauer!» Jules erlaubte sich ein zweites Glas. Da merkte er, dass es unterdessen dunkel geworden war. Er schloss die Fenster, zog die Vorhänge, setzte sich wieder an den Schreibtisch. Jetzt spürte er die Zimmertür in seinem Rücken. Er stand auf, drehte den Tisch zur Türe, setzte sich wieder. Endlich gut eingerichtet, trank er ein letztes Glas Wein, um damit das Ende seiner Vorbereitungen zu markieren. Er begann zu arbeiten. Der Kugelschreiber in seiner Hand wartete. Er seinerseits wartete, dass er sich in Bewegung setze. Man nennt das etwa «das Leiden des Schriftstellers». Tatsächlich

2 Französischer Rock-Sänger

litt Jules an etwas ganz anderem. Die Unbeweglichkeit des Kugelschreibers übertrug sich langsam auf seinen Arm, seinen Körper, seinen Kopf. Jules merkte, dass er zuviel getrunken hatte. Einige Augenblicke lang träumte er von all dem, was seine Feder hätte schreiben können. Dann ging er zu Bett. Morgen, warten wir bis morgen...

Diese Episode ist bezeichnend für den Beginn dessen, was man üblicherweise als «den Absturz des Jules Amiguet» bezeichnet. Bevor wir an der Tragödie teilnehmen, die alle Bauerndramen in den Schatten stellt, wollen wir uns dem «Mythos der Schreibzeremonien» zuwenden. Jules Amiguet mit seinem Verhalten ist keine Ausnahme. Viele Leute halten es für sehr wichtig, in welcher Umgebung und mit welchen «Werkzeugen» sie schreiben. Die einen können unmöglich mit einer Maschine schreiben, andere brauchen dazu die Nacht, Einsamkeit, eine Katze, einen Tisch im Bistro, Musik... Halten wir zuerst einmal fest, dass Jules seiner Umgebung Eigenschaften zuschreibt, die zur Methode gehören, die ihm mangelt. Gerade weil er weiss, dass die Qualität der Umgebung eine Voraussetzung für gutes Schreiben ist, setzt er sich überhaupt nicht mit der Methode auseinander. Selbstverständlich sind die Umgebung und die «Werkzeuge» wichtig, aber man muss ihre Rolle realistisch sehen und nicht überschätzen.

Schreiben enthält immer eine Zielsetzung. Beispielsweise ist der Erfolg in der Schule, im Beruf, in der Politik vom Schreiben abhängig. Allgemeiner gesagt: Schreiben heisst, ein Projekt für andere Leute «augenfällig» machen, so dass sie es beurteilen können. Schreiben ist manchmal auch ein Mittel, um geliebt zu werden. Es ist deshalb durchaus normal, dass man sich im voraus vor dem Urteil der andern absichern und schützen will. Bevor man ihn schreibt, vom Text zu träumen – damit kann man das Risiko zu schreiben umgehen und kann sich zudem Befriedigung verschaffen... im Traum.

All das kann sehr verschiedene Formen annehmen, je nach der Persönlichkeit, den Zielsetzungen des Geschriebenen usw. Es ist zu akzeptieren und zu berücksichtigen, aber man muss streng auseinanderhalten: die Methode für die Herstellung einer Arbeit und die anzuwendende Strategie, die das Schreiben ermöglicht. Jules mit seinem Paterwaf 1512 hätte sich sicher fühlen können, wenn er eine rationelle Produktionsmethode angewandt hätte.

Wieder auf dem Damm, liess Jules einige Tage verstreichen, um seine Neutronen auszulüften. Als er eines Morgens seine Zeitung öffnete, fiel sein Blick auf einen Titel: «Eine neue Publikation von Victor Sorguet». Er schluckte leer und las: «Endlich ein ausschliesslich chemisches, völlig unschädliches Pestizid», schrieb Sorguet. «Dank Siba-Gligli kann man den Ertrag pro Hektare verdreifachen, und die Riesenkürbisse werden zudem runder.»

Jules stand auf und verschwand im Bistro. Mit vagem Blick sass er vor seinem dritten Halben. Arthur Grimon setzte sich ihm gegenüber. Jules begann zu reden. «Siehst Du, Arthur, uns, den Ungebildeten, uns wurde es im Grund einfach nicht gegeben, schreiben zu können. Oder besser gesagt, es sind diese Bonzen von der Propagandazentrale, diese Sorguet & Co., die uns glauben machen, dass nichts ei-

nen Wert hat, wenn es nicht gedruckt ist. Sie sind die Elite, was willst Du. Sie verachten uns, einfach so. Sie stopfen uns das Maul. Also, ich sage Dir: Unsere Art uns auszudrücken, heisst reden, und zwar wie uns der Schnabel gewachsen ist. Mit unseren eigenen Worten. Man könnte ihm gut antworten, diesem Victor; zum Beispiel ein Buch gegen ihn schreiben. Und dann? Natürlich würde alles nur in Schubladen und Bibliotheken landen. Nein, siehst Du, nötig wäre ein Protestmarsch auf die landwirtschaftliche Propagandazentrale. Alle zusammen. Und ihn zusammenschlagen, diesen Sorguet! Und weitermachen wie vorher. Sie dominieren uns, verstehst Du, mit ihren Vorträgen, ihren Büchern. Das werden wir nicht mehr akzeptieren, diesen Mist!»

Jules hatte nun das schlagendste Argument gefunden, um nicht schreiben zu müssen. Arthur Grimon stimmte ihm in allem bei. – «Sag mal», sagte Arthur zu Jules, «was Du da gesagt hast... das sollte man vielleicht aufschreiben... und dann schicken wir es als Artikel an die Terre Vaudoise!» – «Stell Dir vor, diese ganze Telefoniererei!» erwiderte Jules. – «Nein, natürlich nicht. Wir berufen eine Vollversammlung ein, wir diskutieren, wir handeln. Dafür brauchen wir wahrhaftig keine Papiere!»

In diesem Dialog geht es nicht mehr nur um die Methode des Schreibens. Es geht um seinen sozialen Stellenwert. Ähnliche Vorschläge wie die von Jules kann man in gewissen Gruppen sozialer Aktionen hören. Sie sind davon überzeugt, dass die herrschenden Klassen oder Gruppen die schriftliche Kommunikation als legitimes Privileg für sich beanspruchen, indem sie den beherrschten Klassen oder Gruppen den Zugang zu dieser Kommunikationsform verwehren. Wenn die beherrschten Klassen oder Gruppen diese Kommunikationsform übernehmen, vergrössern sie dadurch die Macht der Machthaber. Das Geschriebene muss deshalb zurückgewiesen werden, wenn man den typischen Kommunikationsformen der unterdrückten Klassen oder Gruppen wieder zu ihrer Geltung verhelfen will. Diese Auffassung stützt sich auf eine gründliche Analyse des Geschriebenen als Faktor der Reproduktion sozialer Ungleichheit. Diese Analyse darf man nicht verallgemeinern, sie setzt ein ganzes Bündel von sehr zweifelhaften Hypothesen voraus. Und übrigens gibt es zahlreiche soziale Situationen, in denen es angezeigt ist, auf Schriftliches zurückzugreifen. Zum Schluss: Das Recht zu schreiben ist zu unterscheiden von der Qualität des Geschriebenen. Jules hätte eine andere Lösung wählen können. Je wichtiger er seine Arbeit für die Verteidigung des biologischen Landbaus hielt, desto eher hätte er seinen Text auch trotz seiner Fehlerhaftigkeit schreiben sollen. Er war ja der einzige oder einer der wenigen, die das tun konnten.

Aber Jules war nicht ein Mann, der in Verzweiflung versinkt und in alle Zukunft am bitteren Nachgeschmack einer Niederlage kaut. Er begriff, dass die Hauptursache für sein Zögern und Zweifeln im bisherigen Vorgehen lag. «Ich werde nochmals ganz von vorn anfangen», entschied er mit ruhigem Optimismus. Er las nochmals aufmerksam ein kleines Methodenbuch durch, das ihm sein Freund Bertrand ausgeliehen hatte. Einige Tage später lag ein geordneter und durchdachter Plan vor ihm auf dem Tisch. Zuversichtlich zog er nochmals zwei, drei Artikel bei und blätterte die drei dicken Ordner durch, die er im vergangenen Jahr zusammengetragen hatte. Nach wenigen Wochen regelmässigen und zufriedenen Arbeitens fühlte er sich imstand, an die Redaktion seines Werkes zu gehen... Man erzählt sich, dass sich die Leute das Buch von Jules Amiguet in den Buchhandlungen regelrecht aus den Händen reissen und alle Welt für Victor Sorguets Artikel nur noch ein müdes Lächeln übrig hat.

18

Anregungen für das Schreiben

> Die Schrift ist das
> Gemälde der Stimme.
> Voltaire

Wissen, an wen man sich wendet, ist eins – Schreibenkönnen das andere; ein Problem, das sich nicht so leicht lösen lässt. Soeben haben wir die schreckliche Erfahrung von Jules Amiguet miterlebt. Leider gibt es keine allgemein anerkannten Schreibregeln. Die Diplomarbeit ist eine ganz neue Situation für alle, die noch keine oder wenig Erfahrungen mit dem Schreiben haben.

18.1 Satzlänge

Vermeiden Sie Schachtelsätze! Sie sind schwierig zu handhaben und meistens recht unklar. Warum nicht einfach das Hauptwort wiederholen? Oder die Anzahl der Nebensätze reduzieren?

18.2 Abkürzungen und Kürzel

Ihre Leser sollten eigentlich damit rechnen können, dass sie Ihre Texte ohne ein Lexikon für Abkürzungen und Kürzel verstehen. Brauchen Sie nur allseits bekannte Kürzel (z.B. UNO) oder solche, die in der Diplomarbeit sehr oft vorkommen! Kürzlich habe ich folgenden Satz gelesen: «Die ET und die AT setzen innerhalb der SAET eine Kommission ein, um die vom SRK formulierten Vorschläge zu beurteilen.» Übersetzung: «Die Ergotherapeutinnen und die Aktivierungstherapeutinnen setzen innerhalb der Schweizerischen Arbeitsgemeinschaft der Ergotherapeutinnen eine Kommission ein, um die vom Schweizerischen Roten Kreuz formulierten Vorschläge zu beurteilen.» Zu beklagen sind die Nichteingeweihten, die nicht simultan übersetzen können!

18.3 Abschnitte

Sie wissen, wie viel leichter ein Dokument mit vielen Abschnitten und Untertiteln zu lesen ist, besonders wenn es sich um Sachfragen handelt. Machen Sie oft neue Abschnitte, der Leser wird damit den Gang Ihrer Überlegungen besser verstehen. Vermeiden Sie dabei eine ausufernde Numerierung der Abschnitte! Lassen Sie nicht unzählige verschiedene Numerierungssysteme sich in ein und demselben Kapitel tummeln! Der Leser verirrt sich darin.

Ein sehr wichtiger Grundsatz: Schreiben Sie nur vollständige Sätze. Nur in vollständigen Sätzen können Sie Ihre Gedanken auch vollständig und eindeutig ausdrücken. Viele unvollständige Teilsätze sind ein bequemes Mittel, die persönliche Stellungnahme zu umgehen.

18.4 Begriffsdefinitionen

Die Definition der verwendeten Schlüsselbegriffe ist unumgänglich. Besonders wichtig ist sie, wenn Sie einen breiten und unterschiedlichen Leserkreis erreichen wollen. Die Definition können Sie bei der ersten Verwendung des Begriffs im Text oder als Fussnote unterbringen. Wenn Sie wissen, dass die Bedeutung gewisser Begriffe umstritten ist, dann versuchen Sie zu den Quellen dieser Differenzen vorzustossen.

Ein Test: Bitten Sie einen Freund, das erste Kapitel, das Sie soeben geschrieben haben, zu lesen!

18.5 Das leere Blatt

Sie haben ein gutes, detailliertes Redaktionskonzept entworfen. Nun sitzen Sie vor einem leeren Blatt, das oben den Titel eines Abschnittes trägt. Sie glauben zu wissen, was Sie schreiben wollen – aber nichts geschieht. Vielleicht hilft Ihnen folgende Empfehlung: Nehmen Sie ein neues leeres Blatt und schreiben Sie alles kunterbunt durcheinander auf, was Ihnen gerade zum Titel in den Sinn kommt! Lesen Sie Ihre Sätze durch und versuchen Sie, Ordnung hineinzubringen! Nehmen Sie wieder das erste Blatt zur Hand: Oft hat sich jetzt die Blockierung aufgelöst, und es macht «klick».

18.6 Satzzeichen

Man sagt, die Satzzeichen seien wie die Atmung der Sätze, ein Ordnungssystem, das den Aufbau, den Zusammenhang und die Beziehungen der Ideen klärt. Sie zeigen dem Leser durch bestimmte konventionelle Zeichen, wo er beim Lesen eine Pause machen soll. In einem Vortragstext machen sie den Referenten darauf aufmerksam, wo gewisse Stimmelodien angebracht sind oder wo er seine Tonlage verändern muss.

Die heutige Praxis in der deutschen Sprache erlaubt Ihnen noch keinen grossen individuellen Spielraum beim Gebrauch der Satzzeichen. Nur Dichter vom Format des Franzosen Aragon können sich erlauben, auf jegliche Interpunktion zu verzichten. «Die ganze Welt hat versucht», so sagte er einmal, «mich dazu zu bringen, Satzzeichen zu benutzen. Aber ich habe meine Umgebung kleingekriegt, und damit ist die Sache erledigt.»

Zwar erlaubt Ihnen der Gebrauch von Strichpunkten, Doppelpunkten und Gedankenstrichen – wobei auch sie bestimmten Regeln folgen – gewisse gestalterische Freiheit. Doch können Sie sicher nicht darauf verzichten, beim Schreiben Ihrer Diplomarbeit den «Duden» in Reichweite zu haben, den Sie für Ihre Zweifelsfälle jederzeit beiziehen können.

18.7 Einheitlichkeit des Stils

Eine gewisse Einheitlichkeit des Stil ist anzustreben. Für viele ist die Diplomarbeit die erste längere schriftliche Arbeit. Es ist deshalb wahrscheinlich und normal, dass sich der Schreibstil vom ersten zu den nachfolgenden Kapiteln verändert. Überarbeiten Sie deshalb später das erste Kapitel sprachlich! Einheitlichkeit entsteht auch, wenn Sie durchgehend die gleiche Zeitform wählen (Vergangenheit, Gegenwart usw.). Nicht zu grosse Unterschiede in der Satzlänge tragen ebenfalls dazu bei.

18.8 Blockierungen

Sie kommen vor. Probieren Sie einige einfache Mittelchen aus, bevor Sie um Hilfe rufen:

- Das Redaktionskonzept und das soeben geschriebene Kapitel durchlesen;

- eine kleine Pause einschalten; dann ganz locker und «unverbindlich» alles aufschreiben, was Ihnen zum unüberwindlich erscheinenden Abschnitt gerade einfällt;

- das soeben bearbeitete Thema liegen lassen und einen andern Abschnitt, ein anderes Kapitel beginnen;

- einfachere Arbeiten erledigen (Seitenzahlen anbringen, Zitate überprüfen, Dokumente einordnen usw.);

- ...andere, individuelle Rezepte ausprobieren. Vergessen Sie nicht, dass Ihr Berater oder ein Freund Ihnen helfen kann, wenn alle Selbsthilfe nichts nützt!

Ihr Text sollte so verständlich wie möglich abgefasst sein. Wenn das Schreiben Ihnen zum Alptraum wird, ist die Chance dafür klein. Lesen Sie zwischendurch ein gut geschriebenes Buch, das kann sehr stimulierend wirken. Versuchen Sie es! Und dann: Die ersten Seiten zu schreiben ist normalerweise besonders mühsam. Sie können sicher sein, dass Sie allmählich Ihre Gedanken lockerer und gelöster zu Papier bringen werden.

19

Warum und wie man zitiert

> Gewisse Autoren sagen, wenn sie von ihren Arbeiten sprechen: mein Buch, mein Kommentar, meine Geschichte... Sie würden besser sagen: unser Kommentar, unsere Geschichte, wenn man bedenkt, dass gewöhnlich mehr von andern drinsteckt als von ihnen selbst.
> Blaise Pascal

19.1 Warum zitieren?

Die meisten Diplomarbeiten enthalten Angaben über Publikationen und Dokumente. Sie lassen sich in zwei Kategorien einteilen:

- Texte, die interpretiert oder kritisch analysiert werden;
- Texte, die eine Auffassung stützen und bekräftigen oder sogar beweisen sollen.

Was ist besser: reichlich oder geizig zitieren? Das hängt von der Art Ihrer Arbeit ab. Wenn die kritische Analyse viel Platz einnimmt, dann haben die davon betroffenen Autoren und Personen ein Recht darauf, gehört zu werden. Sie müssen deshalb ausführlich zitiert werden. Ein Übermass von Zitaten ist hingegen oft nur ein Zeichen für Faulheit. Der Student nimmt sich ganz einfach nicht die Mühe zusammenzufassen, sondern delegiert diese Aufgabe an den Leser. Sie können sicher sein: Es gibt nicht viele Leute, die ganze Zitat-Rosenkränze nachbeten mögen.

19.2 Zitat, Umschreibung, Plagiat

Ein Beispiel.
Während der Vorbereitung für die Diplomarbeit haben Sie das Buch von Michel Foucault «Beaufsichtigen und Strafen» gründlich durchgearbeitet. Seine Thesen über die Entstehung des Gefängniswesens fanden Sie sehr interessant. Sie haben sich viele Notizen gemacht. Sie fassen nun die Thesen von Foucault in einem Abschnitt Ihrer Diplomarbeit in Ihren eigenen Formulierungen zusammen. Damit haben Sie den Originaltext umschrieben. Das ist ganz und gar zulässig, solange Sie in einer Fussnote Ihre Quelle angeben.

Umgekehrt, wenn Sie ganze Sätze von Foucault wörtlich abschreiben, ohne sie in Anführungszeichen zu setzen und ohne die Herkunft zu vermelden, dann haben Sie ein Plagiat, einen Diebstahl von geistigem Eigentum, begangen. Nicht zu empfehlen! Benützen wir ruhig ausgiebig fremde Arbeiten; denn sie wurden ja publiziert, um bekannt und verwendet zu werden! Aber schmücken wir uns nicht mit fremden Federn!

Häufig kann man ein Plagiat von einer Umschreibung nur schwer unterscheiden. Lassen wir dieses schwierige Problem! Halten wir uns an die zwei einfachen Grundsätze: die Leser über unsere Quellen genau informieren und Anführungszeichen und Fussnoten exakt anwenden.

Das Zitat wollen wir so definieren: Es gibt den von einem anderen Autor geschriebenen Text wieder und ist durch Anführungszeichen und Fussnote eindeutig bestimmt.

19.3 Acht Regeln für das Zitieren

1. Texte, die kritisch analysiert werden, sollen ausführlich zitiert werden.
2. Kritische Texte sind nur zu zitieren, wenn sie wirklich Grundlegendes zu sagen haben oder wenn sie eindeutig Ihre Auffassung stützen.
3. Der Leser wird vernünftigerweise annehmen, dass Sie mit den zitierten Ausführungen einverstanden sind, ausser Sie betonen ausdrücklich, dass das nicht der Fall ist (oder man kann das Ihrem ironischen Ton entnehmen...).
4. Zu jedem Zitat gehören die genauen Angaben über den Autor und das Werk, dem es entnommen ist[1].
5. Bei einigen sehr spezialisierten und technischen Themen kann es wichtig sein, einen Autor in seiner Sprache und aus der Originalausgabe zu zitieren. Im allgemeinen ist es besser, Sie zitieren in Ihrer eigenen Sprache, vorausgesetzt, dass eine Übersetzung existiert. Ihre Diplomarbeit wird dadurch einheitlicher[2].
6. Ein kurzes Zitat von einigen Zeilen fügt man in Anführungszeichen in den Text ein. Ein längeres Zitat rückt man ein, indem man den Abstand zum äusseren Seitenrand vergrössert oder einen anderen Schrifttyp benutzt.
7. Zitate müssen sehr gewissenhaft wiedergegeben werden. Versuchen Sie nicht, den Autor zu «korrigieren»[3]! Unterstreichen Sie nichts, was nicht auch im Original unterstrichen ist[4] und verändern Sie auch die Interpunktion nicht!
8. Die Herkunft des Zitats muss genau angegeben werden. Der Leser soll die Arbeit und in ihr die Seite, der das Zitat entnommen wurde, ohne Schwierigkeit finden können[5].

---

1 Das kann durch eine ausführliche Fussnote dann geschehen, wenn Sie den Text zum erstenmal zitieren. Die Fussnote kann kürzer gehalten werden, wenn das Werk früher schon zitiert worden ist (siehe dazu Kap. 20).
2 Die Sinnsprüche zu Anfang der Kapitel in diesem Buch wurden – mit wenigen Ausnahmen – von mir aus dem französischen Originaltext übersetzt. Nähere Angaben über ihre Herkunft fehlen. J.-P. Fragnière hat die Zitate in seiner Jugend gesammelt, ohne die Quellen zu vermerken, eine Unterlassung, vor der er Sie ausdrücklich warnt! Niemand ist eben vollkommen... (die Übersetzerin)
3 Manchmal ist man versucht, es zu tun, z.B. wenn der Text schlecht übersetzt ist.
4 Unterstreichen ist möglich, wenn Sie in einer Fussnote darauf hinweisen, dass die Unterstreichung von Ihnen stammt.
5 Es gibt zum Zitieren noch feinere Regeln. Ich verzichte darauf, sie hier zu beschreiben.

20

Die Anmerkungen

> Die Natur ist ein Buch, in dem sich die Wahrheit immer in den Anmerkungen findet und nie im Text. François René Chateaubriand

Bei Ihrer Lektüre sind Sie vielen Anmerkungen begegnet. Sie werden auch beobachtet haben, dass man sie sehr verschieden verwendet und gestaltet, oft auf komplizierte Art. Ich will versuchen, das Wichtigste zu erläutern.

20.1 Kategorien von Anmerkungen

Ich habe schon verschiedentlich über Anmerkungen gesprochen, am ausführlichsten im vorangegangenen Kapitel bei der Behandlung von Zitaten. In einer Diplomarbeit können Sie mit Anmerkungen Ihren Text entlasten. Sie bringen z.B. eine Gruppe von technischen Daten oder Angaben, die Ihre Aussagen im Text näher präzisieren, in Anmerkungen unter.

Zuerst möchte ich zwei praktische Probleme klären:

- *Wo ist der Ort für Anmerkungen?* Es gibt drei verbreitete Lösungen: die Anmerkungen unten an der Seite, am Schluss jedes Kapitels, am Ende der Arbeit. Die beiden letzten Lösungen werden aus Sparsamkeit am häufigsten gewählt. Ich befürworte die Anmerkungen unten an der Seite; dort haben sie die grösste Chance, gelesen zu werden. In der Zeitung «Le Monde» hat Alfred Sauvy eine kleine kürzlich erschienene Arbeit aus der Edition «Réalités sociales» kommentiert, bei der die Anmerkungen am Schluss der Kapitel stehen. Er bemerkt dazu trocken: «Anmerkungen leider aufgeopfert». Er hat recht!

- *Das Verweissystem.* Es gibt Texte, die von Verweiszeichen nur so strotzen. Manchmal sind es Zahlen, manchmal Buchstaben oder Sternchen. Ich finde die Zahlen am einfachsten und vernünftigsten. Nicht, dass ich etwas gegen Sternchen hätte!

20.2 Anmerkungen wozu?

Anmerkungen sind sehr nützlich, sofern man nicht übertreibt. Sie erfüllen mehrere Funktionen. Hier eine – unvollständige – Aufzählung, wofür Sie Anmerkungen brauchen können:

- Um *Quellen* von Zitaten anzugeben (siehe Kap. 19).

- Um *zusätzliche bibliographische Hinweise* zu geben. Sie haben z.B. verschiedene Texte gesammelt, die alle in die gleiche Richtung gehen und Ihre Gedanken stützen. Sie fassen sich in Ihrer Arbeit kurz und stellen die Arbeiten in einer Anmerkung vor.

- Um auf Material hinzuweisen, das *ausserhalb* Ihrer Diplomarbeit zu finden ist. Sie möchten z.B. Ihre Leser darauf aufmerksam machen, dass es zu Ihrer Fragestellung schon eine Arbeit gibt. Sie erwähnen diese Publikation in einer Fussnote mit der Abkürzung «vgl.» (=vergleiche).

- Um Gedankengänge *innerhalb* Ihrer Arbeit in Erinnerung zu rufen. Bemerken Sie in einer Fussnote, dass Sie über diesen Punkt vorher schon etwas geschrieben haben (Beispiel: «Siehe Kap. X, Seite Y»)!
- Um Ihre eigene Argumentation zu *untermauern*. Es entlastet Ihren Text, wenn Sie dieses Zitat als Fussnote anbringen.
- Um Ihre Argumentation noch weiter zu *entwickeln*. Fassen Sie das Wichtigste im Text zusammen und lassen Sie detailliert Erklärungen in der Fussnote folgen!
- Um Ihre eigene Meinung zu *nuancieren*. Sie haben vielleicht doch noch einige Zweifel und Unsicherheiten, ob Ihre Auffassung richtig ist. Sprechen Sie diese Bedenken in einer Anmerkung aus!
- Als *Zusatzinformation zu einer Übersetzung*. Sie haben einen offiziellen Text übersetzt. Melden Sie in einer Anmerkung: «Von mir übersetzt»!
- *Als Dank*. Sie haben bei der Ausarbeitung eines Kapitels in hohem Masse von den Anregungen und der Hilfe eines Kollegen profitiert. Danken Sie ihm dafür!
- Um *persönliche Überlegungen* beizufügen.

20.3 Das System «Zitat-Anmerkung»

Die meisten Anmerkungen sind Angaben zu Zitaten. Es geht darum, den Leser genau über die verwendeten Quellen zu orientieren. Dafür gibt es gegenwärtig zwei verschiedene Systeme: das System «Zitat-Anmerkung» und das System «Autoren-Daten».

Zuerst zum System «Zitat-Anmerkung». Meiner Meinung nach ist es klarer und weniger schwerfällig. Wie sieht es aus? Wenn Sie im Text einen Autor zitieren, setzen Sie nach dem abschliessenden Anführungszeichen ein Hinweiszeichen, am besten eine Zahl; diese Zahl korrespondiert mit der Zahl der Fussnote unten an der Seite.

Ein Beispiel:

Der Text.
Gesellschaftliche und wirtschaftliche Umstrukturierungsprozesse lassen auch in der Schweiz die Sozialpolitiker mit einer Zunahme von Armut rechnen. «Dass man zuwenig weiss über Armut, wird vor allem von Institutionen bemängelt, welche gegen materielle Not prophylaktisch *vorgehen möchten.»*[6]. *Traditionelle Mechanismen der Einkommens-Umverteilung, wie sie etwa Wagner für die Schweiz beschrieben hat*[7], *werden nicht mehr greifen. Es ist zu vermuten, dass die «Spaltung des Sozialstaats»*[8] *in schnellen Schritten weitergehen wird. Dabei fallen Menschen nicht nur vermehrt durch die Maschen des Sozialversicherungsnetzes, son-*

dern durch die Zunahme «prekärer» Arbeitsverhältnisse, wie Mazzi sie beschreibt[9], werden Menschen von vornherein an den Rand der Gesellschaft gestellt. Dabei ist diese «neue» Armut keineswegs ein modernes Phänomen, sondern, wie Steiner aufzeigt[10], gleicht sie in vielen Aspekten der altbekannten Armut aus den 30er Jahren.

Die entsprechenden Fussnoten
- 6 Neue Zürcher Zeitung, *Armsein in der Schweiz. Dramatische Einzelfälle – Fehlende Statistik*, Nr. 50, 1./2. März 1986, S. 35
- 7 Wagner, Antonin, *Wohlfahrtsstaat Schweiz*, Paul Haupt, Bern und Stuttgart 1985 (Soziale Arbeit, Band 4), S. 139 ff.
- 8 Leibfried, Stephan und Florian Tennstedt (Hrsg.), *Politik der Armut und Die Spaltung des Sozialstaats*, Suhrkamp, Frankfurt am Main 1985.
- 9 Mazzi, Rosanna, *La précarisation de l'emploi*, Editions Réalités sociales, Lausanne 1987 (Collection «Travail social»), S. 97 ff.
- 10 Steiner, Rudolf, *Neue Armut – was ist das?* In: «Integro» Nr. 10/1986, Zürich, S. 5-7

Wenn diese Art von Zitat-Anmerkung gewählt wird, werden Autoren und Titel in der gleichen Weise in der Bibliographie am Ende der Arbeit aufgelistet (siehe dazu auch Kap. 21).

20.4 Das System «Autoren-Daten»

Manche Leute finden, dass das System «Zitat-Anmerkung» einen grossen Nachteil hat. Es sei schwerfällig, weil es zu Wiederholungen zwingt: Ein und dieselbe Publikation wird ausführlich in der Fussnote und dann nochmals gleich detailliert in der Literaturliste am Schluss der Arbeit aufgeführt. Verschwendung von Raum, Papier, Energie? Die Angelsachsen haben rationalisiert und das System «Autoren-Daten» eingeführt. Ein Teil von Kontinentaleuropa hat dieses System übernommen. Worum geht es? Am Ende eines Zitats im Text vermerkt man in Klammern: Name des Autors, Erscheinungsjahr der Publikation, eventuell ein Buchstabe a), b) oder c) usw., wenn im selben Jahr mehrere Arbeiten des Autors erschienen sind, schliesslich Angabe der Seite, wo das Zitat sich befindet. Die Bibliographie ist entsprechend aufgebaut.

Ich muss gestehen, dass mich dieses System nicht überzeugt. Aber aufgepasst: Zahlreiche Zeitschriften, darunter viele hervorragende, verlangen dieses System.

Ein Beispiel:

Der Text.
Gesellschaftliche und wirtschaftliche Umstrukturierungsprozesse lassen auch in der Schweiz die Sozialpolitiker mit einer Zunahme von Armut rechnen. «Dass man zuwenig weiss über Armut, wird vor allem von Institutionen bemängelt, wel-

che gegen materielle Not prophylaktisch *vorgehen möchten» (NZZ, 1986/50). Traditionelle Mechanismen der Einkommens-Umverteilung, wie sie etwa Wagner (1986, S.139ff.) für die Schweiz beschrieben hat, werden nicht mehr greifen. Es ist zu vermuten, dass die «Spaltung des Sozialstaats» (Leibfried/Tennstedt, 1985) in schnellen Schritten weitergehen wird. Dabei fallen Menschen nicht nur vermehrt durch die Maschen des Sozialversicherungsnetzes, sondern durch die Zunahme «prekärer» Arbeitsverhältnisse (Mazzi, 1987, S.97ff.) werden Menschen von vornherein an den Rand der Gesellschaft gestellt. Dabei ist diese «neue» Armut keineswegs ein modernes Phänomen, sondern, wie Steiner (1986) aufzeigt, gleicht sie in vielen Aspekten der altbekannten Armut aus den 30er Jahren.*

Bei dieser Zitierweise erübrigen sich Fussnoten. Die entsprechende Bibliographie am Ende der Arbeit sieht so aus:

Leibfried, Stephan und Florian Tennstedt, Hrsg. (1985): *Politik der Armut und Die Spaltung des Sozialstaats,* Suhrkamp, Frankfurt am Main.

Mazzi, Rosanna (1987): *La précarisation de l'emploi, S. 97ff.* Réalités sociales, Lausanne.

Neue Zürcher Zeitung (1986), Nr. 50, 1./2. März, S. 35: *Armsein in der Schweiz. Dramatische Einzelfälle – Fehlende Statistik.*

Steiner, Rudolf (1986): *Neue Armut – was ist das?* In: «integro» Nr. 10, S. 5-7.

Wagner, Antonin (1986): *Wohlfahrtsstaat Schweiz, S. 139ff.* Paul Haupt, Bern und Stuttgart

21

Die Bibliographie

> Kurz und gut: Solange wir
> noch Bücher haben,
> bringen wir uns nicht um.
> Marie Marquise de Sévigné

21.1 Was ist eine Bibliographie?

Bücher, Abhandlungen, Artikel haben Sie bei Ihrer Arbeit angeregt. Es ist wichtig, diese Ihre Quellen offenzulegen und Publikationen zu nennen, die Ihr Thema erhellen. So kann Ihre Arbeit überprüft werden, und Ihren Lesern ist geholfen, wenn sie sich weiter in die Fragestellung vertiefen wollen. Damit Sie sich Ihrerseits diese Publikationen auf einfache Art beschaffen können, müssen die Angaben vollständig und übersichtlich dargestellt sein. Es gibt dafür verschiedene Möglichkeiten. Aber zuerst einmal: Was gehört in das Literaturverzeichnis?

- Alle publizierten Dokumente (Bücher, Artikel aus Zeitschriften, Dossiers, Berichte, Gesetzestexte usw.), die Sie in Ihrer Arbeit erwähnt haben.

- Arbeiten, die Sie nicht erwähnt haben, die aber einen Teilbereich Ihrer Arbeit direkt betreffen.

- Arbeiten von allgemeinem Interesse, welche einen Einfluss auf das Denken in Ihrem Studiengebiet hatten, aber Vorsicht: nicht übertreiben!

Zählen Sie nicht sämtliche Klassiker auf! Nehmen Sie nur in die Bibliographie auf, was Sie gelesen oder benützt, mindestens aber durchgeblättert haben.

21.2 Wohin gehört die Bibliographie?

Das hängt von ihrem Umfang ab. Eine Liste mit weniger als zwanzig Titeln gehört an den Schluss der Arbeit. Auch längere Bibliographien können Sie an diese Stelle setzen. Manche Autoren ziehen es vor, nach jedem Kapitel die Publikationen zum behandelten Thema anzugeben. In bestimmten Fällen, besonders bei juristischen Publikationen, wird die Bibliographie dem Kapitel vorangestellt. Die Gesamtbibliographie steht am Schluss der Arbeit. Wie auch immer: Übersichtlichkeit ist die Grundregel.

21.3 Der Aufbau der Bibliographie

Sobald die Bibliographie einen gewissen Umfang erreicht, spielt ihr Aufbau eine Rolle. Hier einige Lösungen:

- *Aufbau gemäss den Autoren in alphabetischer Reihenfolge*

Alle Publikationen werden in einer einzigen Liste alphabetisch nach Autor dargestellt. In dieser alphabetischen Liste sind die von Ihnen zitierten oder allgemein bekannten Autoren leicht auffindbar (siehe Kap. 20). Der Inhalt der Bücher ist in diesem Fall kein Klassifikationsmerkmal.

- *Aufbau nach der Art der Dokumente*

Einzelne Autoren wählen hier formelle Merkmale als Aufbauelemente (Beispiel:

Einteilung nach Büchern, Artikeln, Berichten, Gesetzen usw.). Ausser in ganz besonderen Fällen (z.B. historischen Forschungen mit spezieller Quellenlage) ist diese Darstellungsweise nicht angezeigt.

- *Aufbau nach Themen*

Die zentralen Fragestellungen der Arbeit ergeben die Aufgliederung. In diesem Fall heisst die erste Rubrik der Bibliographie: «Allgemeine Literatur». Innerhalb jeder Rubrik gilt die alphabetische Reihenfolge nach Autoren. Der Leser findet sich in dieser Aufgliederung leicht zurecht, auch wenn er keine Namen von Autoren kennt. Diese Lösung eignet sich gut für Literaturverzeichnisse mit mehr als dreissig Nennungen.

Denken Sie daran, dass Ihre Bibliographie häufig als erstes die Aufmerksamkeit des Lesers auf sich zieht! Dort kann sich auch Ihr erstes Ungenügen zeigen – und schon ist das Urteil über die Arbeit gefällt.

21.4 Grundregeln für die Darstellung[1]

Es gibt drei Grundmodelle, an die Sie sich halten können:

1. *Angaben über ein Buch, eine Abhandlung*
Name[2], Vorname des Autors, Titel des Werkes[2], Verlag[3], Verlagsort, Erscheinungsjahr.

2. *Angaben für einen Beitrag aus einer periodisch erscheinenden Zeitschrift*
Name[2], Vorname des Autors, Titel des Aufsatzes oder des Beitrags[2], Name der Zeitschrift[2], Nummer und Erscheinungsjahr, Verlag[3], Verlagsort[4], Seitenangaben über Beginn und Ende des Artikels.

3. *Angaben für einen Beitrag aus einem Sammelwerk*
Name[2], Vorname des Autors, Titel des Beitrags, Name des Sammelwerkes (Handbuch, Kongressbericht usw.)[2], Verlag[3], Verlagsort, Erscheinungsjahr, Seitenangaben über Beginn und Ende des Artikels.

Beispiele:
Wagner, Antonin, Wohlfahrtsstaat Schweiz, *Paul Haupt, Bern und Stuttgart 1985*

---

1 Sie müssen dazu nicht unbedingt die komplizierten bibliographischen Normen befolgen, wie sie an deutschsprachigen Bibliotheken (zumindest in der deutschen Schweiz) üblich geworden sind. Die in der Folge hier erwähnten Angaben sind aber das unerlässliche Minimum.
2 Heraushebung (z.B. Grossschreibung der Autorennamen, Kursivdruck von Titeln) je nach Ihren technischen Möglichkeiten und nach der Tradition Ihrer Ausbildungsstätte.
3 Die Nennung des Verlags ist im deutschen Sprachraum nicht durchwegs üblich, gibt jedoch eine wichtige Information über die zitierte Publikation. Orientieren Sie sich über die diesbezüglichen Anforderungen Ihrer Ausbildungsstätte!
4 Auch der Verlagsort bei der Bibliographierung von periodisch erscheinenden Zeitschriften ist nicht überall zwingend vorgeschrieben, ist jedoch von Vorteil.

Steiner Rudolf, Neue Armut – was ist das? *In: «integro», Nr.10/1986, Zürich,* S. 5-7

Riedmüller Barbara. Armutspolitik und Familienpolitik. Die Armut der Familie ist die Armut der Frau. In: Leibried Stephan und Florian Tennstedt (Hrsg.), Politik der Armut und Die Spaltung des Sozialstaats, Suhrkamp, Frankfurt am Main 1985, S. 311-335

22

Die Bereinigung des Manuskriptes

> Der Augenblick ist da:
> Siegen oder untergehen.
> Napoleon Bonaparte

22.1 Was heisst: Das Manuskript bereinigen?

Wenn die Redaktion ganz (oder fast ganz) fertig ist, kommen gute Gefühle auf – das muss gefeiert werden. Man gönnt sich ein freies Wochenende, man entkorkt die beste Flasche. Ganz fertig ist man noch nicht, das Manuskript muss ja noch «druckreif» gemacht werden. Das ist gar keine Kleinigkeit. Eine Menge von Einzelheiten müssen noch verändert, gestrichen oder präzisiert werden... Das kann sich zu einer zeitraubenden Arbeit entwickeln, zu einer sehr zeitraubenden sogar, wenn man nicht systematisch vorgeht. Ich möchte einige Hinweise geben, wie diese letzte Phase der Redaktion erleichtert und abgekürzt werden kann.

22.2 Der richtige Zeitpunkt für die Schlussredaktion

Es war schon früher (Kap. 7) davon die Rede, wie wichtig es in allen Stadien der Diplomarbeit ist, möglichst «definitiv» zu arbeiten, besonders was die technischen Einzelheiten betrifft. Nun kommt der Zeitpunkt, da alle Kapitel mitsamt der Einleitung und den Schlussfolgerungen geschrieben sind. Vor Ihnen liegt ein Stoss von vollgeschriebenen, numerierten Blättern. Aus diesen losen Blättern soll ein möglichst fehlerfreies Dokument werden, das Sie weitergeben können. Ich rate Ihnen, die Schlussredaktion erst jetzt vorzunehmen, wenn alles niedergeschrieben ist. Sie müssen das Ganze nochmals durchlesen, um alle «Löcher» stopfen zu können. So vermeiden Sie, den Vorgang mehrmals zu wiederholen.

Noch eine wichtige Bemerkung: Vielleicht ist für Sie, wie für viele andere auch, die Diplomarbeit der erste «Kompositionsauftrag» dieser Art. Darum ist es sehr wohl möglich, ja zu erwarten, dass Ihnen einige Ihrer Kapitel «schlecht», falsch aufgebaut, unannehmbar vorkommen... Eine zweite Niederschrift kann sich aufdrängen. Das ist ganz normal. Beginnen Sie sofort damit! Die Schlussredaktion machen Sie nachher.

22.3 Titel und Untertitel

Sie haben während der Redaktion mit viel Kreativität treffende Titel und Untertitel geschaffen. Manchmal dienten sie Ihnen dazu, einen Abschnitt zu charakterisieren, manchmal wollten Sie damit ein Gefühl ausdrücken. Wie beurteilen Sie die Titel jetzt, wenn Sie Ihre ganze Arbeit überblicken? Geben sie wirklich den Inhalt jedes einzelnen Teils an, und bilden sie gleichzeitig das organisatorische Gerüst des Ganzen? Sind sie zu aufgeblasen? Zu lang? Unverständlich? Unpassend? Überflüssig provokativ? Zu schwerfällig? Eine Überarbeitung dieser Titel kann jetzt gut sein. Fragen Sie sich bei dieser Gelegenheit auch, ob es nicht vielleicht besser wäre, einen allzu langen Abschnitt zu unterteilen. Er könnte, mit einem eingefügten Untertitel, übersichtlicher werden.

22.4 Illustrationen

Lange Zeit zeigten sich Diplomarbeiten schmucklos und nüchtern. Das hatte ohne Zweifel damit zu tun, dass die technischen Mittel für eine gute und zugleich erschwingliche Bildwiedergabe fehlten. Im Zeitalter der Fotografie, der Fotokopie mit Verkleinerungsmöglichkeit und des Computers mit seinen Grafikprogrammen, wird es möglich und wünschbar, Ihren Text zu illustrieren. Fragen Sie sich deshalb beim Durchlesen des Manuskripts, ob sich nicht Karten, Strichzeichnungen oder Bilder einfügen lassen! Liesse sich eine Tabelle durch eine eindrückliche Grafik ersetzen? Vergessen Sie nicht, einige Vorsichtsmassnahmen zu treffen, wenn Sie Ihre Arbeit «bildlich» bereichern:
– Zu Karten, Zeichnungen, Fotografien gehört eine Legende. Formulieren Sie diese im voraus!
– Für rechtlich geschützte Abbildungen ist eine Reproduktionsbewilligung einzuholen.
– Wählen Sie die richtige Stelle im Text, wo eine Illustration dem Leser am besten nützt!

22.5 Die Darstellung von Tabellen und Abbildungen

In Ihrer Arbeit wollen Sie in erster Linie Ihre Gedanken darstellen. Sie werden deshalb vermeiden, dass der Leser in einer Flut von quantitativen Angaben und Zahlen ertrinkt. Brauchen Sie eine Tabelle, eine Abbildung als Ergänzung! Allzu imposante Tabellen werden besser im Anhang untergebracht. An ihrer Stelle steht im Text eine Zeichnung oder Grafik, welche die wichtigsten Daten auf einen Blick erkennen lässt.

Abbildungen und Illustrationen herzustellen, ist nicht einfach. Ein ganzer Komplex von Details ist zu überlegen, wenn sie eindeutig und leicht verständlich sein sollen. Es ist hier nicht der Ort, auf technische Einzelheiten einzugehen. Suchen Sie nach Beispielen in Ihnen bekannten Arbeiten, und lassen Sie sich von Ihrem Berater helfen!

Stellen Sie sich beim Durchlesen der Arbeit folgende Fragen:

- Habe ich alle Tabellen und Abbildungen numeriert?

- Sind die dazugehörigen Überschriften vollständig und aussagekräftig?

- Ist die Herkunft (die Quelle) genügend und genau ausgewiesen?

- Mit welchen technischen Mitteln will ich die Tabellen und Abbildungen reproduzieren?

- Soll ich am Schluss meiner Arbeit eine Liste der Tabellen und Abbildungen anbringen?

22.6 Der Anhang

Sie haben bei der Redaktion der Arbeit eine Auswahl getroffen, auch wenn es Ihnen vielleicht schwer gefallen ist. «Soll ich dieses Dokument wirklich nur zusammenfassen? Alles darin ist doch so interessant!» – «Dieses Interview ist es wert, ohne Kürzungen gelesen zu werden.» – «Diese beiden Tabellen erklären alles.» – «Das Organigramm und die Statuten muss man gelesen haben, wenn man die Institution verstehen will.» Lauter gute Argumente, und trotzdem haben Sie die Dokumente nicht in den Text aufgenommen; denn sie hätten verhindert, dass er leichtflüssig bleibt und ein gewisses Gleichgewicht bewahrt. Solche «ausgemusterte» Teile sind Anwärter für den Anhang.

Zwei Hinweise:

- Vom Inhalt und vom Typ Ihrer Arbeit hängt es ab, was in den Anhang kommt. Übertreiben Sie auch damit nicht, sonst wird der Anhang gar nicht beachtet, geschweige denn gelesen.

- Vergessen Sie nicht, im Text ausdrücklich auf Dokumente im Anhang zu verweisen (z.B. durch Numerierung, Titel, Aufnahme ins Inhaltsverzeichnis)!

22.7 Die «Verpackung» der Diplomarbeit

Sie haben beim Lesen von Fachliteratur festgestellt, dass der eigentliche Text in der Regel erst nach einigen einleitenden Seiten beginnt, nämlich nach dem Titelblatt, der «Danksagung», eventuell einem Vorwort. Auch Sie müssen diese Verpackung liefern. Das Dankesagen ist oft eine recht befriedigende Aufgabe. Seien Sie aufrichtig und eher etwas zurückhaltend! Verteilen Sie vor allem nicht zu viele Blumen an Leute, die nichts anderes als ihre berufliche Pflicht getan haben, wie gross auch ihre Hilfe für Sie gewesen ist.

22.8 Die Seitenzahlen und die Verweise

Jetzt ist der Zeitpunkt gekommen, um die Seitenzahlen auf Ihren Blättern festzulegen. Am besten numerieren Sie von der ersten bis zur letzten Seite durchlaufend mit arabischen Zahlen. (Ab und zu finden Sie Publikationen mit einer anderen Praxis.) Mehr Kopfzerbrechen werden Ihnen die Verweisungen bereiten.

Beispiel: Eine Anmerkung lautet: «Für weitere Einzelheiten siehe Kap. 4, S. 69». Einen solchen Verweis auf eine bestimmte Seite können Sie erst nach der allerletzten, definitiven Seitennumerierung in Ordnung bringen. Die Zahlen verändern sich bei der letzten Abschrift mit der Schreibmaschine und eventuell nochmals beim Druck der Arbeit. Ich kennzeichne diese Ziffern jeweils gut sichtbar, damit ich ihre Korrektur nicht vergesse.

22.9 Das Inhaltsverzeichnis

Es verdient grosse Aufmerksamkeit. Dieser Teil Ihrer Arbeit wird auf jeden Fall gelesen und kommentiert. Es besteht aus den Kapitelüberschriften, den Untertiteln und den entsprechenden Seitenzahlen. Es hat eine äusserst wichtige Funktion: Es soll dem Leser einen Überblick über den Inhalt der Arbeit geben und ihm erlauben, rasch zu finden, was ihn interessiert. Prüfen Sie, ob Ihr Inhaltsverzeichnis diese beiden Aufgaben wirklich erfüllt! Wenn Ihre Kapitel in eine sehr grosse Anzahl von Abschnitten und Unterabschnitten aufgeteilt sind, ist es sicher besser, nicht alle im Inhaltsverzeichnis aufzuführen. Beispiel: In dem kleinen Buch, das Sie vor sich haben, erscheinen die Titel der Unterabschnitte nicht im Inhaltsverzeichnis.

Wohin gehört das Inhaltsverzeichnis; an den Anfang oder an den Schluss der Diplomarbeit? Ich zum Beispiel finde es gerne am Schluss. Eine alte Gewohnheit, nichts weiter.

22.10 Das Manuskript nochmals ganz durchlesen

Lesen Sie Ihr Manuskript hintereinander nochmals durch, wenn Sie alle Vorarbeiten erledigt haben, lieber gleich zweimal als nur einmal! Setzen Sie für diese komplexe Aufgabe Ihre ganze Konzentration ein! Das gelingt Ihnen am besten, wenn Sie gut in Form sind und genügend Zeit vor sich haben für ununterbrochenes Arbeiten. Durchlesen heisst «fast alles gleichzeitig im Kopf haben». Ich habe eine – sicher unvollständige – Liste jener Punkte zusammengestellt, auf die wir beim Durchlesen unsere besondere Aufmerksamkeit ausrichten wollen:

- *Sind Titel und Untertitel in Ordnung?*
Sie kontrollieren sie laufend beim Durchlesen.

- *Die Jagd auf unnütze Wiederholungen*
Meistens schreiben Sie über eine lange Zeitdauer an Ihrer Arbeit. Wiederholungen lassen sich deshalb kaum vermeiden. Wieviele davon sind angebracht? Sind sie ein wichtiger Teil bestimmter Überlegungen? Sind sie unerlässlich für die Darstellung der Schlussfolgerungen? Etliche sind sicher überflüssig. Der Leser ärgert sich darüber und erhält den Eindruck, es fehle an der nötigen Kontinuität. Streichen Sie solche Wiederholungen!

- *Die Überleitungen*
Das Manuskript ist zu verschiedenen Zeiten geschrieben worden – gelesen wird die Arbeit «am Stück». Führen Sie Ihren Leser mit kurzen Überleitungen von einem Kapitel zum andern! Sie machen es ihm dadurch leichter, Ihren Gedankengängen zu folgen.

- *Die Ziffern für Kapitel und Abschnitte*
Leicht schleichen sich hier Fehler ein. Achten Sie besonders sorgfältig darauf!

- *Fussnoten und Quellenangaben*

Wenn Sie während der Redaktion nicht mit grösster Genauigkeit gearbeitet haben, dann haben Sie jetzt mit mühsamen Suchereien zu bezahlen.

- *Die «bösen» Wörter*

Wer von uns hat nicht seinen bestimmten Tic, auch wenn wir ihn längst kennen: die Wörter mit der ewig falschen Rechtschreibung, die Wörter, die sich im gleichen Abschnitt viermal sinnlos wiederholen... Diese Wörter muss man einfangen – gar nicht so einfach!

- *Rechtschreibung und Satzzeichen*

«Wann wird man aufhören, die Beherrschung der Sprache zu verwechseln mit der Beherrschung der Orthographie? Zwischen beiden besteht nur eine schwache Beziehung.»[1] Das bekräftigte Georges Panchaud kürzlich am Ende seiner langen pädagogischen Erfahrung. Ich stimme ihm zu, aber nicht alle sind seiner Meinung. Er fährt fort: «Die beste Art, eine Schulreform zu torpedieren, ist die Behauptung, sie werde eine Krise der Orthographie auslösen.»[2] Nun ist aber Ihre Diplomarbeit sicher nicht der Ort, um im jahrhundertealten Kleinkrieg um die deutsche Gross- und Kleinschreibung, um Orthographie und Kommaregeln ein weiteres Scharmützel zu liefern. Greifen Sie zur neuesten Ausgabe des Rechtschreibe-Dudens, und führen Sie keine neuen Sprachregeln ein (siehe dazu Kap. 18)!

- *Unterstreichungen*

Unterstreichen Sie bei der Überarbeitung des Manuskriptes bestimmte Wörter, Satzteile oder ganze Sätze, die Sie hervorheben möchten! Im definitiven, maschinengeschriebenen Text ist beides möglich: Unterstreichen oder Hervorheben durch Kursivschrift. Wie schon so oft bemerkt: nicht übertreiben. Wenn allzu viel unterstrichen ist, hebt sich nichts mehr ab, und das Lesen wird sehr mühsam.

22.11 Angaben für die Abschrift mit der Schreibmaschine

Das Abschreiben muss vorbereitet werden, ob Sie es selber machen oder es durch einen Spezialisten machen lassen.

Sie müssen im voraus festlegen:

- den Randabstand, die Schaltung und die Zwischenräume;

- die Schrift für die verschiedenen Kategorien der Titel;

- die Zitate, die einzurücken sind;

---

[1] G. Panchaud, Ces impossibles réformes scolaires, S. 68, Réalités sociales, Lausanne 1983
[2] a.a.O., S. 68

- das Format für Tabellen und Abbildungen;
- usw.

Überlegen Sie sich, wieviele Exemplare der Arbeit Sie brauchen! Wahrscheinlich müssen Sie mehrere Exemplare abgeben. Vielleicht haben Sie zudem Freunden, Eltern, Kindern und Kollegen Ihre Diplomarbeit versprochen. Bestimmen Sie die Art der Vervielfältigung (Reproduktionstechnik), bevor Sie mit der Abschrift der definitiven Fassung beginnen!

22.12 Textverarbeitung mit dem Computer

Die Verbreitung der Textverarbeitung (auf Mikro-Computer) geht mit grosser Geschwindigkeit vor sich. Diese Technik bietet viele Vorteile.

- Alle Textteile, die Sie eingeben, werden gespeichert und sind jederzeit abrufbar.
- Korrekturen sind ausserordentlich einfach auszuführen; Schluss mit den mühsam zu korrigierenden Tippfehlern!
- Mit Hilfe von zusätzlichen Programmen lassen sich Illustrationen, Grafiken und Tabellen von hervorragender Qualität herstellen.
- Der Text kann relativ rasch verändert werden. Sie können ihn jederzeit neu anpassen, ganze Sätze oder Abschnitte herausnehmen oder die Arbeit anders aufbauen.
- Der Druck geht sehr schnell. Er kann recht elegant aussehen.

Alle diese Vorteile sind an bestimmte Voraussetzungen gebunden. Sie müssen Ihre Aktivitäten sorgfältig planen und die Ihnen zur Verfügung stehenden Hilfsmittel mitberücksichtigen. Drei Massnahmen sind unerlässlich:

- Bündeln Sie Ihre Arbeit in kleine Teile, damit eine handliche Verarbeitung möglich ist: 10 bis 20 Seiten, je nach der Kapazität Ihres Systems.
- Üben Sie eine strenge Disziplin bei der Benennung, der Reihenfolge und der Organisation der Dokumente (Karteien) auf Ihren Disketten!
- Knausern Sie nicht mit der Anzahl von Sicherheitskopien! Nachlässigkeit kann für Sie katastrophale Folgen haben.

Fassen wir drei verschiedene Situationen ins Auge:

- Sie besitzen selbst einen Textverarbeiter oder Sie können einen solchen regelmässig benützen.
- Sie entscheiden sich dafür, Ihr Manuskript durch eine Fachperson schreiben zu lassen.
- Sie hoffen, im Rahmen Ihrer Diplomarbeit die Textverarbeitung zu lernen.

Im ersten Fall stellen sich zwei Fragen: Ist Ihr System in der Lage, die Textverarbeitung einer Diplomarbeit auszuführen, ohne dass Sie zu kostspieligen Adaptionen gezwungen sind, kostspielig an Zeit und Energie? Sind Ihre Kenntnisse des Systems und des Programms ausreichend, um das Abenteuer einzugehen?

Im zweiten Fall delegieren Sie die Arbeit an einen Spezialisten. Sie müssen sich mit ihm in Verbindung setzen, um Ihr Manuskript den Möglichkeiten und Eigenheiten seines Systems anzupassen. Denken Sie dabei an die Kosten!

Die dritte Situation: Unterschätzen Sie als Neuling auf diesem Gebiet die Lehrzeit für die Textverarbeitung nicht! Stürzen Sie sich nicht auf den ersten besten Apparat! Lassen Sie sich von Personen beraten, die eigene Erfahrungen mit der Textverarbeitung von wichtigen Dokumenten haben! Solche Leute finden sich immer häufiger.

Dieses Buch wurde vollständig auf Mikro-Computer redigiert, vom ersten Entwurf bis zur definitiven Fassung[3]. Konnte ich damit Zeit sparen? Ich bin nicht sicher. Hingegen wurden die Korrekturen und Änderungen, die Veränderungen des Aufbaus und den verschiedenen Fassungen in sehr hohem Mass erleichtert. Und zudem: Ich kann den Text jederzeit auf einfache Art neu bearbeiten.

---

[3] Auf einem Macintosh von Apple (mit Laser Drucker)

23

Die Verbreitung der Diplomarbeit

> Ein Leser geht mit seinen Büchern um
> wie ein Bürger mit den Mitmenschen:
> Man lebt nicht mit allen zusammen;
> man wählt sich ein paar Freunde.
> Voltaire

23.1 Der Wunsch nach Verbreitung

Die Diplomarbeit ist fertig. Sie scheint sehr interessant zu sein, bringt sie doch einige bedeutsame Aspekte eines Bereichs der sozialen Wirklichkeit ans Licht. Sie haben begreiflicherweise den Wunsch, die Resultate bekannt zu machen. Nehmen Sie diesen Wunsch ernst, unterdrücken Sie ihn nicht in einen Anfall falscher «Bescheidenheit»! Beurteilen Sie stattdessen nüchtern die Situation, und beachten Sie die Ratschläge von Leuten, die sich auskennen!

23.2 Ist es sinnvoll, die Arbeit zu verbreiten?

In der Regel sollte eine Diplomarbeit, die alle Anforderungen erfüllt, verbreitet werden. Ausnahme: Sie enthält Informationen und Beurteilungen, die bestimmten Personen direkt schaden können – was nichts zu tun hat mit begründeter und notwendiger Kritik.

Wie weit soll man die Diplomarbeit streuen? Das ist eine heikle Frage: Welche Personen werden die Arbeit interessant und lesenswert finden und werden auch bereit sein, sie zu erwerben?

23.3 Die Stufen der Verbreitung

Es gibt sehr verschiedene Möglichkeiten. Alle im folgenden genannten Zahlen sind reine Schätzungen; sie stützen sich auf Grössenordnungen, wie ich sie in der französischen Schweiz beobachtet habe:

● *Die minimale Verbreitung*
Sie besteht aus den durch das Reglement vorgeschriebenen Exemplaren. Dazu können einige Arbeiten kommen, die Sie an nahestehende Interessierte abgeben, welche die Arbeit ausdrücklich verlangt haben. Im allgemeinen sind es weniger als zehn Exemplare.

● *Die beschränkte Verbreitung*
Sie umfasst ebenfalls nur eine eng begrenzte Anzahl von Personen und Institutionen, die speziell am Thema interessiert sind. Dieser Kreis bildet sich durch persönlichen Kontakt. Die Höhe der Auflage schwankt zwischen 20 und 50 Exemplaren.

● *Die Verbreitung durch eine Institution*
Eine Vereinigung oder eine Institution ist an Ihrer Diplomarbeit interessiert. Sie will sie bei ihren Mitgliedern und anderen Personen in ihrem Umkreis bekannt machen. Oft werden Sie als Autor eingeladen, sie mündlich vorzustellen. Die Auflage beträgt in diesem Fall 50–250 Exemplare.

● *Die Publikation (Drucklegung)*
Unter bestimmten Bedingungen kann man annehmen, dass die Diplomarbeit einen weiteren Leserkreis interessiert, der nicht durch direkte oder «institutionelle» Kanäle erreicht wird. Dann ist möglicherweise eine Drucklegung die richtige Verbreitungsart, unter Berücksichtigung aller Schwierigkeiten, die ein solches Unterfangen mit sich bringt. Eine Diplomarbeit gedruckt oder als Broschüre herauszugeben, erfordert – wenn sie nicht subventioniert wird – einen Markt von 600–1000 Käufern (nicht: Lesern!). Das ist viel, besonders für schweizerische Verhältnisse. Zudem verlangt die Vorbereitung eines Buches eine sorgfältige Aufbereitung des Manuskripts, was nicht unbeträchtlichen zusätzlichen Aufwand bringt. Es gibt publizierte Diplomarbeiten mit gutem Echo beim Leserpublikum. Die Möglichkeit einer Publikation soll man nicht von vornherein ausschliessen, aber sie muss gut überlegt sein. Es gibt Autoren, die für ihre Publikation ein Masseninteresse erwarteten – sie wurden schwer enttäuscht. (In der Schweiz sind die meisten sozialwissenschaftlichen Publikationen kein kommerzieller Erfolg.)

23.4 Technische Erfordernisse

Die Reproduktionstechniken haben sich vervielfacht und entwickeln sich in schwindelerregendem Tempo weiter. Ihr erster Entwurf ist voller Korrekturen, Überklebungen usw. Was ist zu tun?

In der Regel müssen Sie

● dem Beurteilungsgremium «saubere» Versionen abliefern,

● schon vorher die Art der Reproduktion und Verbreitung Ihrer Arbeit mitberücksichtigen.

Mit Textverarbeitung wird ein grosser Teil derartiger Probleme ausgeschaltet. In allen anderen Fällen (Blaudruck, Offsetverfahren, Fotokopie) müssen Sie an die technischen Probleme der Vervielfältigung denken, bevor Sie mit der Reinschrift beginnen. Sie gewinnen dadurch kostbare Zeit. Beispiel: Sie planen eine Auflage von 200 Exemplaren, hergestellt im Offsetverfahren. Schreiben Sie von Anfang an auf genormte Maschinenschreibblätter, mit einer guten Maschine und gutem Farbband!

24

Schlussfolgerungen

> Erst in der Abenddämmerung
> beginnt die Eule der Minerva ihren Flug.
> G.W.F. Hegel

Beim Durchlesen dieser kleinen Broschüre fanden Sie vielleicht «alles sehr kompliziert». Vergessen Sie nicht, dass Sie wirklich schon vieles wussten! Vielleicht ist der Inhalt dieser Seiten für Sie nichts anderes als eine etwas systematisierte Wiederholung von Bekanntem. Diese Informationen sind dazu da, in den verschiedenen Phasen der Diplomarbeit immer dann gebraucht zu werden, wenn Sie sie nötig haben. «Wenn ein Autolenker über seine Bewegungen nachdenkt, entdeckt er, dass er eine wundervolle Maschine ist. Im Bruchteil einer Sekunde trifft er lebenswichtige Entscheidungen, ohne dass er sich einen Fehler leistet. Und doch lässt sich niemand abschrecken, und fast jedermann fährt Auto. Die relativ wenigen Strassenunfälle zeigen, dass die Mehrzahl der Fahrer mit dem Leben davonkommt.»[1]

Erleben Sie die Diplomarbeit als ein Abenteuer, eine Folge von Entdeckungen, eine Bereicherung Ihrer Fähigkeiten, ein Hinauswachsen über den früheren Stand Ihrer Kenntnisse! Sie kann Ihnen sogar Spass machen. In dieser Stimmung akzeptieren Sie die grosse Arbeit besser, die Ihnen dieses Unternehmen abfordert. Mit einer positiven Einstellung meistern Sie die unvermeidlichen Schwierigkeiten besser, Sie überwinden rascher die unausweichlichen «Tiefs». Sie ertragen die Monotonie gewisser Arbeitsgänge leichter.

Wenn Sie hingegen die Diplomarbeit als eine Pflichtübung ohne jede Bedeutung und ohne jedes Interesse für Sie betrachten, dann laufen Sie Gefahr, damit Ihre wertvolle Zeit zu vergeuden und gar Monate zu verlieren. Das Schreiben einer Diplomarbeit kann aber ein überaus aufregendes Abenteuer werden, durch das Sie sich mit fortschreitender Arbeit zusehends neue Aspekte der sozialen Wirklichkeit erschliessen können. «L'appétit vient en mangeant», aber vorerst muss man sich zu Tisch setzen!

Nicht wenige Studentinnen und Studenten sind angenehm überrascht vom Resultat ihrer Anstrengungen. Die Diplomarbeit ist für sie über lange Zeit hinweg eine Referenz.

Sie brauchen sie weiterhin als Arbeitsinstrument und als Ausgangspunkt für ähnliche Arbeiten im Rahmen Ihrer Berufstätigkeit. Sie entdecken bei sich Fähigkeiten, die Sie sich nicht zugetraut haben, z.B. Probleme zu definieren, Gedankengänge zu entwickeln, mit einer Menge von Material umzugehen, sich schriftlich auszudrücken. Die Diplomarbeit ist kein Allheilmittel, Wunder sind selten, man darf nichts Unmögliches von ihr erwarten. Immerhin: Am Ende des Unternehmens sind Sie nicht mehr ganz die gleiche Person wie zu Beginn.

Ich habe oft erlebt, dass durch eine gute Diplomarbeit plötzlich der Wunsch nach einer längeren Zusatzausbildung wach wurde und das Bedürfnis nach regelmässiger Betätigung wuchs. Beide Bedürfnisse sind erfrischende Begleiterinnen für jegliche berufliche Aktivität.

Sie haben Ihre Arbeit abgeliefert. Vergessen Sie nicht, jetzt Ihren Freundinnen und Freunden und allen andern, die mit Ihnen mitgelitten haben, ein Glas Wein zu spendieren, bevor Sie sich ein paar wohlverdiente Ferientage gönnen!

---

1 Umberto Eco, Der Name der Rose, S.247

Wer weiss, ob Sie nicht am Strand in einigen Ihnen lieb gewordenen Seiten blättern mögen?
 Warum nicht?

Inhaltsverzeichnis

Dieses Inhaltsverzeichnis ist sehr detailliert.
Die in diesem Buch behandelten Themen lassen sich so leichter finden.

Vorwort zur deutschen Ausgabe

Einleitung 9

1 – Was ist eine Diplomarbeit? 13

1.1 Eingrenzung des Begriffs 14
1.2 Wo entstehen Diplomarbeiten? 14
1.3 Typen von Abschlussarbeiten 15
1.4 Hinweis 15

2 – Wozu eine Diplomarbeit? 17

1.1 Wozu diese Frage? 18
2.2 Weil die Diplomarbeit vorgeschrieben ist 18
2.3 Weil es Spass macht 18
2.4 Weil sie die Möglichkeit zur Vertiefung einer selbständigen
    intellektuellen Arbeitserfahrung bietet 18
2.5 Weil sie einen Beitrag zum Verständnis eines Teilbereichs
    der sozialen Wirklichkeit leistet 19
2.6 Intensive emotionelle Erlebnisse sind mit der Diplomarbeit verbunden 19

3 – Wie man ein Thema wählt 21

3.1 Die Möglichkeiten, Auswahlkriterien festzulegen, sind begrenzt 22
3.2 Die Vorschriften und Hilfsmittel der Institution, in deren Rahmen
    die Diplomarbeit gemacht wird 22
3.3 Sie sind selten der erste, der dieses Thema bearbeitet ... 22
3.4 Sich Zeit lassen 23
3.5 Das «Panorama»-Thema – eine Falle 23
3.6 Die «engagierte» Arbeit 23
3.7 Die «praktische» Arbeit 24
3.8 Vier Regeln für die Themawahl 24

4 – Wie testet man die Durchführbarkeit eines Themas 25

4.1 Ein solcher Test ist wichtig 26
4.2 Der richtige Zeitpunkt für den Test 26
4.3 Ein Thema muss eindeutig formuliert sein, damit es getestet werden kann 26
4.4 Wer hilft Ihnen beim Test? 26
4.5 Der Test im einzelnen 27

5 –	**Forschung, Methoden, Technik**	33
5.1	Die Diplomarbeit und die Forschung	34
5.2	Ist die Diplomarbeit eine wissenschaftliche Arbeit?	35
5.3	Die Pole der Untersuchung	36
5.4	Bemerkungen zur Aktionsforschung	37
6 –	**Die grossen Etappen bei der Durchführung der Diplomarbeit**	39
6.1	Sinn und Grenzen dieses Modells	40
6.2	Die verschiedenen Etappen	40
	1. Etappe: Die Idee taucht auf	40
	2. Etappe: Informationen sammeln, Literatur durchsehen	40
	3. Etappe: Das Thema wird systematisch dargelegt	40
	4. Etappe: Der Zeitpunkt für einen Überprüfungstest ist gekommen	41
	5. Etappe: Das Thema wird definitiv gewählt: die Lektüre wird weitergeführt	41
	6. Etappe: Ein detailliertes Arbeitsprogramm wird ausgearbeitet	41
	7. Etappe: Die einzelnen Schritte des Arbeitsprogramms werden ausgeführt	41
	8. Etappe: Eine Zwischenbilanz ist fällig	41
	9. Etappe: Das Redaktionskonzept wird ausgearbeitet	41
	10. Etappe: Die Schlussredaktion	41
	11. Etappe: Das Manuskript/Typoskript wird hergestellt und verbreitet	41
7 –	**Eine Arbeitstechnik: der «Ordner»**	43
7.1	Warum ich diese Arbeitsmethode vorschlage	44
7.2	Eine Wiederholung	44
7.3	Das Modell wird im einzelnen dargestellt	45
7.4	Voraussetzungen für die Anwendung des Modells	49
7.5	Karten und Karteien	49
8 –	**Wieviele Seiten?**	53
8.1	Eine quälende Frage	53
8.2	Das Thema bestimmt den Umfang der Arbeit	53
8.3	Das Füllmaterial	53
9 –	**Wieviel Zeit?**	57
9.1	Zeit steht selten unbeschränkt zur Verfügung	58
9.2	Planen – eine nötige und ständige Tätigkeit	58
9.3	Zeit gewinnen	58
9.4	Misserfolge, Änderungen, Überraschungen	59
9.5	Der unvermeidliche Schluss	59
9.6	Handeln ist besser, als über die Zeit zu jammern, die vergeht	59

10 –	Fremdsprachen	61
11 –	**Einzelarbeit oder Gruppenarbeit?**	63
11.1	Vorteile und Schwierigkeiten einer Gruppenarbeit	64
11.2	Die Arbeitsteilung planen	64
11.3	Bedingungen, um das Ganze im Griff zu behalten	65
11.4	Die materiellen Voraussetzungen der Zusammenarbeit	65
11.5	Man kann einander kein X für ein U vormachen	65
12 –	**Der Diplomarbeitsberater**	67
12.1	Äussere Gegebenheiten	68
12.2	Was kann man von einem Berater erwarten?	68
12.3	Formen der Zusammenarbeit	69
12.4	Ein formeller Vertrag ist nützlich	70
13 –	**Bücher – wozu?**	71
13.1	Bücher erhellen den aktuellen Stand der Forschung	72
13.2	Bücher vermitteln theoretische und methodische Arbeitsmittel	72
13.3	Bücher sind Fundgruben für Studien aus benachbarten Gebieten	72
13.4	Bücher liefern Material für die verschiedenen Dimensionen der Diplomarbeit	73
13.5	Bücher sind Modelle	73
14 –	**Die Suche nach Literatur**	75
14.1	Worum geht es?	76
14.2	Die Suche nach Literatur richtet sich nach der spezifischen Art der Fragestellung	76
14.3	Die Literatursuche ist abhängig von den vorhandenen Ressourcen	76
14.4	Literaturbeschaffung in Stufen	76
15 –	**Planen**	79
15.1	Planung und Pläne	80
15.2	Die Disposition	80
15.3	Das detaillierte Arbeitsprogramm	80
15.4	Das Redaktionskonzept	80
15.5	Die Einheitlichkeit der Arbeit	81
16 –	**Wer sind die Adressaten?**	83
16.1	Das Zielpublikum	84
16.2	Auswirkungen auf Form und Darstellung der Arbeit	84

17 – Schreiben 85
Die Abenteuer des Jules Amiguet 86

18 – Anregungen für das Schreiben 93

18.1 Satzlänge 94
18.2 Abkürzungen und Kürzel 94
18.3 Abschnitte 94
18.4 Begriffsdefinitionen 95
18.5 Das leere Blatt 95
18.6 Satzzeichen 95
18.7 Einheitlichkeit des Stils 96
18.8 Blockierungen 96

19 – Warum und wie man zitiert 97

19.1 Warum zitieren? 98
19.2 Zitat, Umschreibung, Plagiat 98
19.3 Acht Regeln für das Zitieren 99

20 – Die Anmerkungen 101

20.1 Kategorien von Anmerkungen 102
20.2 Anmerkungen wozu? 102
20.3 Das System «Zitat-Anmerkung» 103
20.4 Das System «Autoren-Daten» 104

21 – Die Bibliographie 107

21.1 Was ist eine Bibliographie? 108
21.2 Wohin gehört die Bibliographie? 108
21.3 Der Aufbau der Bibliographie 108
21.4 Grundregeln für die Darstellung 109

22 – Die Bereinigung des Manuskriptes 111

22.1 Was heisst: Das Manuskript bereinigen? 112
22.2 Der richtige Zeitpunkt für die Schlussredaktion 112
22.3 Titel und Untertitel 112
22.4 Illustrationen 113
22.5 Die Darstellung von Tabellen und Abbildungen 113
22.6 Der Anhang 114
22.7 Die «Verpackung» der Diplomarbeit 114
22.8 Die Seitenzahlen und die Verweise 114
22.9 Das Inhaltsverzeichnis 115

22.10	Das Manuskript nochmals ganz durchlesen	115
22.11	Angaben für die Abschrift mit der Schreibmaschine	116
22.12	Textverarbeitung mit dem Computer	117
23 –	**Die Verbreitung der Diplomarbeit**	119
23.1	Der Wunsch nach Verbreitung	120
23.2	Ist es sinnvoll, die Arbeit zu verbreiten?	120
23.3	Die Stufen der Verbreitung	120
23.4	Technische Erfordernisse	121
24 –	**Schlussfolgerungen**	123

Ergänzende Literatur

Prof. Dr. Hans Riedwyl
Graphische Gestaltung von Zahlenmaterial
Uni-Taschenbücher (UTB) Band 440. 3., unveränderte Auflage 1987.
165 Seiten. 128 Abbildungen, 21 Tabellen. Kartoniert DM 16.80

Anhand vieler nützlicher Beispiele werden die Konstruktionsregeln für Stab-, Balken- und Kreisdiagramme, Kartogramme, Liniendiagramme, Spezialdiagramme und die graphische Darstellung von Häufigkeitsverteilungen vermittelt.

Prof. Dr. Dr. Gerhard Gerhards
Seminar-, Diplom- und Doktorarbeit
Empfehlungen und Muster zur Gestaltung
von rechts- und wirtschaftswissenschaftlichen Prüfungsarbeiten.

Uni-Taschenbücher (UTB) Band 217. 7., vollständig überarbeitete Auflage 1991.
XXI + 174 Seiten, zahlreiche Muster. Kartoniert DM 16.80

Der Verfasser legt hier vor allem Gewicht auf die äussere Gestaltung von rechts- und wirtschaftswissenschaftlichen Prüfungsarbeiten. Die Gestaltungsmuster eignen sich aber auch für den Studierenden anderer Fakultäten.

Paula Lotmar/Edmond Tondeur
Führen in sozialen Organisationen
Ein Buch zum Nachdenken und Handeln
259 Seiten, 8 graphische Darstellungen. 2., unveränderte Auflage 1991.
Gebunden Fr. 58.–/DM 69.–

Aufgrund ihrer langjährigen Erfahrung in der Organisations- und Führungsberatung haben die Autoren dieses Handbuch geschrieben. Es zeichnet sich durch eine Darstellungsweise und Sprache aus, die gezielt und persönlich auf die Wünsche, Fragen und Bedenken der Praktiker Bezug nimmt.

Verlag Paul Haupt Bern · Stuttgart · Wien